影響力人物 | 3

曠野逆境，恩典相隨

陳炫彬——著

從執行長到
在美滯留服刑2343天
的告白

2010 年 6 月，美國舊金山聯邦法院和司法部，正式起訴友達光電、美國分公司和六名主管，包括本書作者陳炫彬、熊暉、陳來助、梁兆龍與李燦榮，五位在毫無預警的情況下被迫留在加州灣區，消息傳回台灣，引起媒體大幅報導。

2012 年 3 月，台灣的媒體報導友達訴訟失利的議題並加以評論。其實我們沒有全輸的結局：六位被告，經過審判，三位無罪，三位有罪。如果當初認罪協商，我們六位全部坐牢，無一例外，就像其他認罪協商的公司一樣了。

2012 年 3 月《商業周刊》的報導。

這就是我入獄服刑的地方：塔夫特（TAFT）監獄，是位於半沙漠地帶的美國聯邦監獄，距離舊金山東南方 456 公里、洛杉磯西北方 192 公里，恍若與世隔絕，置身曠野（攝於 2013 年 7 月 23 日）。

2010 年 8 月我們被滯留在美國加州，友達台灣總部發起希望樹 (Hope Tree) 聲援活動。

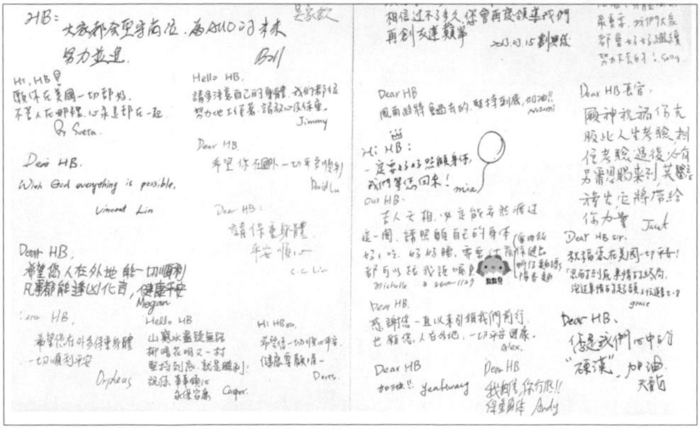

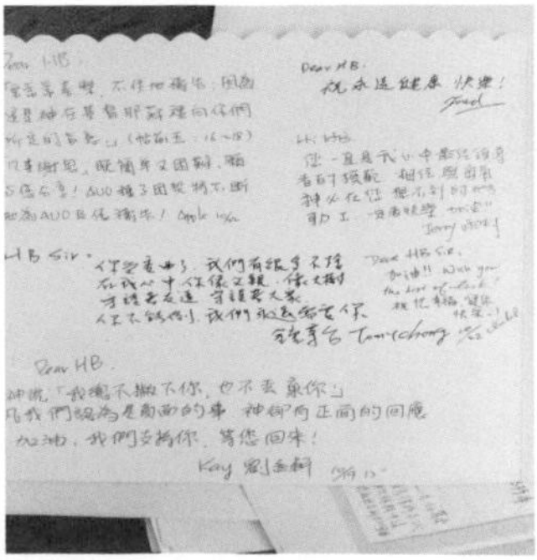

友達同仁的加油卡片，來自四面八方， 讓我感動萬分。

在美滯留期間，我們被要求只能在加州灣區一帶活動，然而面對法律無情打壓要求的時候，我們卻看見人間處處有溫情和無私的愛心。

2010 年 9 月 13 日攝於舊金山，與陳介川夫婦〔左一二〕、鄒國虎夫婦〔左三四〕等友人合影。

2010 年 6 月 20 日與同仁及友人合影。

為了充分享受加州的陽光和天氣，掃除鬱悶的情緒，我們會利用週末假期和同事、同學、朋友和家人，相約去郊外踏青郊遊健身，留下了許多美好的回憶。

2010 年 11 月 14 日 遊大蘇爾（Big Sur），與熊暉（後排左一）、李燦榮（後排右一）、陳來助（後排右二）等合影。

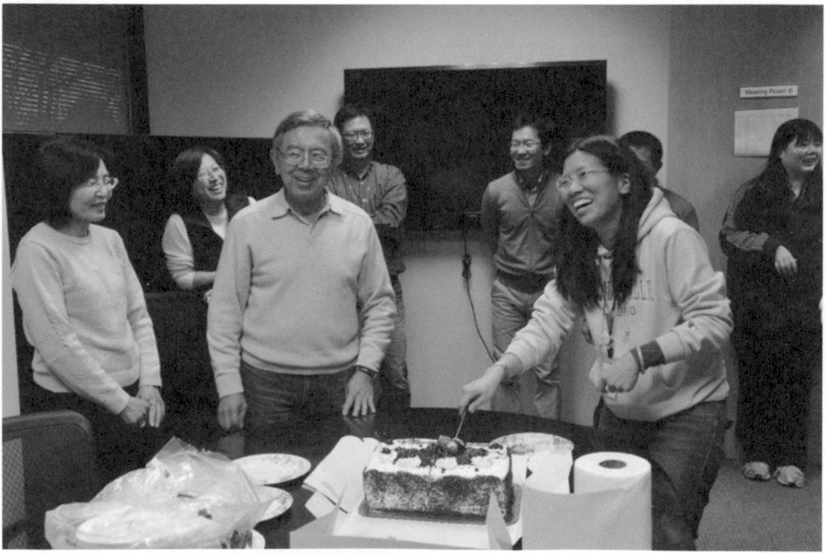

2012 年 12 月 14 日於友達美國分公司的慶生會。

在 2012 年 4 月 8 日復活節到教會之後，我因為有了新的信仰，知道主耶穌基督必定會保守我在獄中的生活與平安，更因為這樣的試煉，我和太太金枝贏得了豐盛的下半場人生。失敗了、失去自由、也失去工作，全輸了嗎？感謝主！我們贏得了更豐盛的下半場人生和更永恆的生命價值！

耶和華是我的牧者，我必不致缺乏。我雖然行過死蔭的幽谷，也不怕遭害，因為祢與我同在。

在車裡，也不放過任何時間讀《聖經》。

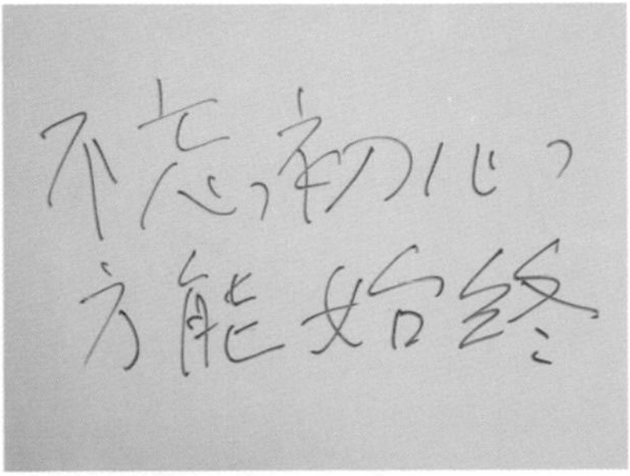

被陪審團判決有罪時，當下寫出我的心情：「不忘初心 方能始終」（2012 年 2 月）。

敗訴消息一傳播出來，上帝傳福音的天使從臺灣、美國兩地蜂擁而來，甚至連受洗的教會和牧師都幫我選好了。這是一個非常神奇的連結，也是神緊迫的呼召，神的連結比 WiFi 還要更快更有效，一點都不受頻寬或傳輸速度的影響。

2012 年 4 月 22 日參加全福會聚會深受感動，與全福會劉效宏會長〔左三〕與蘇惠智牧師與師母〔左一二〕合影。

原本不認識我的新竹市雅歌靈糧堂的蔡舜吟姊妹，很熱心買了一本《約伯記》想要送給我，目的是鼓勵我，像約伯一樣，雖然面對不明的試探，要堅定地相信神信靠神，切莫責怪神不理不睬。約伯最終得到神兩倍的賞賜！書最後竟然可以送到我手上，這又是一個奇妙的見證，同一件事情，五個人，彼此沒有 WiFi 聯結，一個接著一個地聯上了，主耶穌基督的愛將我們都聯上了！絕非巧合，感謝主！

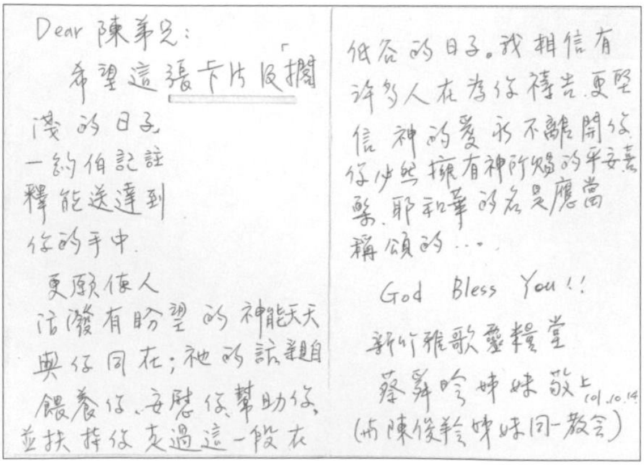

Dear 陳弟兄：
希望這張卡片及「擱淺的日子—約伯記註釋」能送達到你的手中。
更願使人活潑有盼望的神能天天與你同在；祂的話語餵養你、安慰你幫助你，並扶持你走過這一段在低谷的日子。我相信有許多人在為你禱告，更堅信神的愛永不離開你，你必然擁有神所賜的平安喜樂。耶和華的名是應當稱頌的……

God Bless You!!

新竹雅歌靈糧堂
蔡舜吟姊妹 敬上 101.10.14
(與陳俊羚姊妹同一教會)

2012 年 10 月 14 日來自新竹市雅歌靈糧堂蔡舜吟姊妹的卡片。

我的上半場人生一帆風順，然而因為這個訴訟案件，讓我回落到地面，失去了身體的自由和工作。對我和內人金枝來說，這不僅是一趟生命的大轉向（detour）的旅程，更是我們親自經歷見證耶穌基督信仰、恩典和重生之旅！

2012 年 8 月 12 日在聖荷西迦南教會受洗成為基督徒，我竟然在友達的 16 歲生日受洗為基督徒了！
是神的命定嗎？

迦南臺灣基督教會
Canaan Taiwanese Christian Church
4405 Fortran Court, San Jose, California 95134, USA, Est. Oct 26, 1980

洗禮證明書 Certificate of Baptism

茲證明 This Certifies That

陳炫彬 Hsuan-Bin Chen

根據信仰告白，於主曆二零一二年八月十二日，
在本會領受奉聖父、聖子、聖靈的名之洗禮。

Upon the Confession of Faith was baptized in the name of the Father, and of the Son, and of the Holy Spirit
on the twelfth day of August, twenty and twelve at this church

Torence Lu 呂仲人
Clerk of the Session 小會書記

Ralph Su 蘇惠智
Senior Pastor 主任牧師

教會的牧師、長老、弟兄姊妹們的熱情支持，讓我能在這段煎熬的日子裡，享受著他們的愛心和關懷，這種真誠的愛和關懷，令我沒齒難忘！

2013 年 2 月 10 日於迦南教會與翁嘉盛長老〔左一〕、蔡娟娟姊妹〔左二〕、蘇惠智牧師與師母〔右二三〕、古秀華〔右一〕合影。

2013 年 2 月 10 日在迦南教會與主任牧師蘇惠智〔左二〕、我和金枝與二女兒如慧。

「神所給的試煉，必是你能承擔的」，神為我安排教會，又將我放在荒漠的曠野，使我衣食無缺，還派了許多天使來關心我、鼓勵我。

2013 年 2 月 10 日與陳英傑、馮慧娜夫婦（前排右一二）合影。

蔡詩科長老（Scott）與陳英傑長老在我進迦南教會前，是完全陌生的人，他們視我如手足般關心我。Scott 每個月都帶太太和女兒來 TAFT 探視我，他們本在工作和事奉的忙碌中還那麼顧念我，讓我真正感受到基督耶穌愛的長闊高深。

2013 年 5 月 1 日蔡詩科長老全家（右一二三）與女兒如慧（左二）、老么敏華（左一）來獄中探訪。

在滯留和服刑期間，太太金枝經常搭十幾個小時的飛機穿梭太平洋兩端，需克服時差、情緒和體力的負荷，所幸夫妻同心，其利斷金，箇中辛苦，不足為外人道！金枝總笑説我們是「老牛郎織女相會」。

2013 年 5 月 21 日金枝來獄中探訪。

三個女兒常利用假日，從東岸和中部飛來加州相聚在一起，這段期間，我可以到女兒的住處相聚。真是神的恩賜，如此一來，我和女兒們相聚的次數和時間反而增加了不少。

2013 年 6 月 6 日太太與女兒在獄中合影。

神說：「凡勞苦擔重擔的人可以到我這裡來，我就使你們得安息。」教會牧師以及許多弟兄姊妹，常常寫信鼓勵我，為我們禱告，帶給我們莫大的安慰。因為基督教的信仰，逐漸地將我的個性情緒，轉化成忍耐、節制、謙卑、恩慈，並且倘佯在基督耶穌的大愛之中。

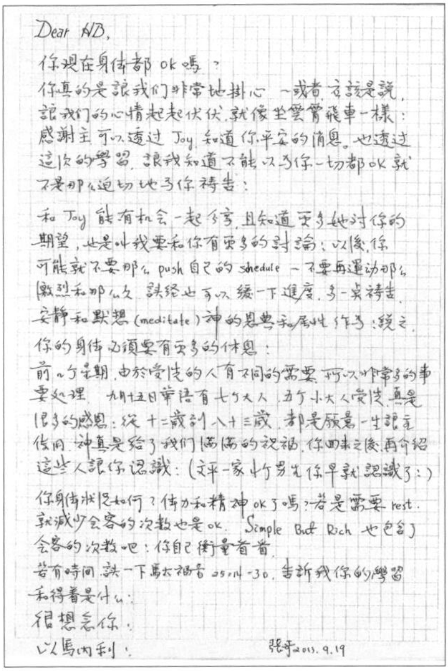

Dear HB,

你現在身体都ok嗎？

你真的是讓我们非常地掛心 ~或者，应該是說，讓我们的心情起起伏伏，就像坐雲霄飛車一樣：感謝主可以透过Joy知道你平安的消息。也透过這次的學習，讓我知道不能以為你一切都ok就不是那么迫切地為你禱告：

和Joy能有机会一起分享，且知道更多她对你的期望，也是叫我要和你有更多的討論：以後，你可能就不要那么push自己的shedule ~不要再運动那么激烈和那么久，読経也可以緩一下進度，多一点禱告，安靜和默想(meditate)神的恩典和屬性作為：總之，你的身体必須要有更多的休息：

前ゝ个星期，由於受洗的人有不同的需要，所以非常多的事要处理，九月十五日華語有七个大人，五个小大人受洗，真是很多的感恩：從十二歲到八十三歲，都是願意一生跟主的人，神真是給了我们滿滿的祝福，你回来之後，再介紹這些人讓你認識：(文平一家，竹芳先生你早就認識了：)

你身体状况如何？体力和精神ok了嗎？若是需要rest，就减少会客的次数也是ok，Simple But Rich 也包含了会客的次数吧：你自己衡量看看，

若有時间，読一下馬太福音25:14-30，告訴我你的學習和得着是什么：

很想念你，

以馬内利：

張奇 2013.9.19

張典鬻牧師的來信。

主內弟兄 炫琳：收信平安

近幾個星期忙於一個新的project，上星期終於完成。过程中遇到幾個瓶頸，但非常感謝神，每次遇到這种难處，我祷告神就幫助我，讓我意識到問題的所在。曾有一回，我做到深夜，依舊無法解決問題。回家臨睡前，我祷告神，求祂賜我智慧。就在凌晨约四点多，我忽然醒来，有一個念頭閃过我的腦海。那天我很早到公司，藉着那"清晨的念頭"，我很快就找到問題的所在。我常想：人都希望平順，但神有時给人难處，是要我們在难處中仰望祂，並经歷祂。信仰若沒有经歷，這信仰或許會讓人有一份不真实的感覚。在困难中经歷神，也讓人更認識神。聖经啟示神是慈愛的，全能的，全智的……的神，這是屬於知識或理智層面的。但藉着在生活中的经歷，神的一些屬性就由理性的層面進入我們的生命，对神的這些屬性，我們就會打從心底説"阿們"。

信中提到你在那裡有平安，每一天也很充實，很感謝神。你是一位很有毅力的人，藉着規律的生活，願你的身、心、灵都得益處。馬太福音：「然而天國裡最小的比他还大」(太11:11)你問：天國裡還比大小嗎？這是一個很有意義的問題。在5月26日"每日经历神"有一句話：「施洗約翰宣告耶穌的来臨，而我們現在的基督徒，擁有基督内住在我們心中。」就事工而言，約翰實在不及摩西、以利亞，但施洗約翰却親眼看见耶穌基督，又在約旦河為耶穌施洗，並宣告耶穌是神的兒子，宣告彌賽亞的時代来臨。就意義上説，這比摩西、以利亞的事工更有意義。雖是如此，施洗約翰究竟活在聖灵来臨之前，因為五旬節聖灵才降臨，並且永遠内住在凡信耶穌基督的人的心裡。我們現今的基督徒有

陳英傑長老的來信。

《聖經》的話語激勵了我的意志力，弟兄姊妹引用經句平靜了我的心思意念：「應當一無掛慮，只要凡事藉著禱告、祈求和感謝，將你們所要的告訴神，神所賜出人意外的平安，必在基督耶穌裡，保守你們的心懷意念。」

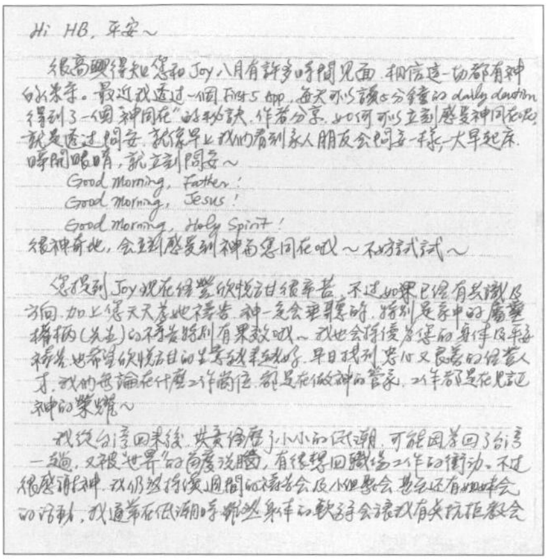

Hi HB，平安～

很高興得知您和Joy八月有許多時間見面，相信這一切都有神的帶領。最近我透過一個 First 5 app，每天可以讀5分鐘的 daily devotion，得到了一個"神同在"的秘訣，作者分享，如何可以立刻感受神同在呢？就是透過問安，就像早上我們看到家人朋友會問安一樣，大早起床睜開眼睛，就立刻問安～

Good Morning, Father!
Good Morning, Jesus!
Good Morning, Holy Spirit!

很神奇地，會立刻感受到神與您同在哦～不妨試試～

您提到Joy現在經營欣悅之甘很辛苦，不過如果已經有共識及方向，加上您天天為她禱告，神一定會垂聽的，特別是家中的屬靈權柄（先生）的禱告特別有果效哦～我也會持續為您的身體及平安禱告，也希望欣悅之甘的生意越來越好，早日找到忠心又良善的經營人才，我們無論在什麼工作崗位，都是在做神的管家，工作都是在見證神的榮耀～

我從台灣回來後，其實經歷了小小的低潮，可能因為回了台灣一趟，又被"世界"的角度洗腦，有很想回職場工作的衝動。不過很感謝神，我仍然持續週間的禱告會及小組聚會，也還有姊妹會的活動，我通常在低潮時雖然身體的軟弱會讓我有點抗拒教會

蕭雅文姊妹的來信。

Dear HB兄，……　楊博仁 親 ①

20160811 ②

很開心收到你的信，聽到Kuma會假釋出來，感謝神，也帶著期盼您獲自由的日子也快到了。我想您和Kuma對囚禁/自由的感受，非常深刻。我就想到保羅幾次提到我們之前是罪的奴僕，被罪捆綁，而耶穌是真理，真理必叫我們得自由。對靈裏被罪的捆綁，渴望自由/聖潔的心少些時，我想，人心眼還是沒看清，失去自由和靈性的趣。

*

我在屬靈的路上跌跌撞撞的，影響我最多的是李保羅老、張牧師、及致吟，影響我最多的書是恩上加恩，及"Freedom of Simplicity"。這兩本書一來讓我更体會神的恩典，同時也清楚自己對神的回應。聽到Foster由簡樸生活的真諦（新版改名為「返璞歸真自由」）。若有機會的話，您可以試著讀英文版，感覺很不一樣。當自己太忙時，常要思考我是不是活在以神為中心的生活，還是在追求或做一些不是神要我做的。這本書也是為什麼我試著追求簡單一點的生活，不全在於省錢，而在於成為一個 resource 的好管家。

*

「Acts」 is not only "Acts of Apostles", but also "Acts of the Holy Spirit". This story continues with us, w/ Holy Spirit leading us, encouraging us, enabling us to build up God's church.

*

最近在想"說教"和"聽教"，發覺自己喜歡「說」，不大喜歡「聽」，人教訓我。聖經的原則是當身边的人離開神時，我們得努力把他們從火裏搶救出來。我想自己"說教"時要多想，後面的動机是要炫耀，還是自己有因神的緣故，願意

楊博仁弟兄的來信。

一位來自墨西哥的獄友，親手製作了鑲有「FAITH.HOPE.LOVE.HB & JOY FAMILY」的手工藝品送我，真是最珍貴的禮物。

從執行長，到成為失去自由的美國聯邦監獄囚徒，
如今成為完全自由基督國度裡的新生子民，
原本充滿驚濤駭浪、十分凶險的歷程，竟是一段意外的恩典之旅。

2012 年 6 月 5 日 於友達美國分公司聚會。

2013 年 12 月我們獲得保釋，消息傳回友達台灣總部，同仁再度為我們加油。

回憶過去 78 個月，整整六年半的試煉，想到使徒保羅的話說：「我們這至暫至輕的苦楚，要為我們成就極重無比永遠的榮耀。」大雷雨的時間，和漫長的夏日相比，非常短暫。《聖經》詩篇這麼說：「一宿雖有哭泣，早晨便必歡呼！」23 個月前離開台灣赴美入獄，現在重返國門，看到的每一個人，每一件事情都是美好的。神的愛總是不離不棄，且永遠不變，祂的恩典更是無處不在！

2017 年 1 月終於回到台灣，友達總部舉辦歡迎會。

推薦序

在生命的低谷，因為神而反轉人生

張典駡牧師（迦南台灣基督教會牧師）

二〇一七年的一月二十五日，和本書作者陳炫彬（ＨＢ）夫婦坐在往舊金山機場的車子裡談起這本書，感謝主，經過一年多，這本見證集與回憶錄：《曠野逆境，恩典相隨：從執行長到在美滯留服刑 2343 天的告白》就要和大家見面了，期待這本書能成為榮耀神、幫助人的一個美好啟蒙書。

從二〇一二年四月至今，認識ＨＢ（炫彬）已經六年多了，看著他從不認識神到成為耶穌基督的門徒，內心充滿了感恩！ＨＢ在生命的低谷中認識上帝、受洗、享受與神同行的每一天，生命也因而變得豐盛且更有意義，這些都是來自神的愛、慈悲和憐憫，是上帝所賞賜的豐盛恩典，不是嗎？

ＨＢ要進到監獄之前，我確實有些掛心；但是，在收到他的第一封信之後，我就全然地放心了。ＨＢ的每一封信，除了報平安之外，他總是會提到神的話語給他的感動，字裡行間充滿了感恩和喜樂！另外，ＨＢ也會在信中提出一些和《聖經》有關的問題，他的求知慾常常帶給我很多的感動，當然，我也會找時間儘快回信，希望他能在最短的時間內得到答案。ＨＢ在監獄中有安靜的時間禱告、專心地讀《聖經》、每天有固定的運動、早睡早起，這些也都是從天上來的恩典和祝福。

ＨＢ是我的門徒（其實，我們都是耶穌基督的門徒—跟隨耶穌的人），所以，我對他就像是老師、屬靈的爸爸對待自己的學生、孩子一樣。ＨＢ受洗之後，有將近一年的時間（曾經有中斷），我們每週都會花上一個小時左右的時間在星巴克或是我的辦公室會面！ＨＢ就像一個渴慕的學生，想要認識神、認識《聖經》、把神的話和生命更緊密的連結在一起；我們一邊喝著咖啡聊天和分享，一邊討論神的話語，最後，我們會用禱告結束這段老師和學生相聚的美好時光。特別要提的是，每一次禱告的時候，HB的專注和敬虔，總是帶給我很多的感動；我內心總是深信著，只要HB持守這樣的敬虔，上帝一定會讓他成為更多人的祝福。

HB是神忠心的僕人、耶穌基督的好門徒，期待他能日日經歷神，天天在真理中學習和成長。鼓勵所有的讀者，常常為HB禱告，讓他能透過生命的自然流露和見證（包含這本書），把神的恩典分享給更多的人！

在本書中，HB提到了天國八福，現在，我要把第一福「虛心的人有福了，因為天國是他們的」，送給HB和所有的讀者；往後的日子，希望HB能更多地倒空自己，倚靠上帝、並且靠祂的能力來服事上帝和服事人，也希望讀者們能更多地放下自己，來到上帝面前享受與祂同行的美好。

願上帝的恩典和慈愛，常常與HB以及各位讀者同在！

推薦序

從 ANTITRUST 到 TRUST

蘇惠智（迦南台灣基督教會前主任牧師）

生命在於創造天父上帝的掌權及安排。生命中的所有都是給予的，因此，萬事互相效力，所發生的一切，絕不可能是意外卻經常是出人意料之外。炫彬兄（ＨＢ）由於反托拉斯法訴訟經歷了生命的意外，卻因此有機會在生命中操練交託及信靠。我見證天父上帝在ＨＢ生命的恩典及掌權，看見他的轉變及順服。ＨＢ不再以他自己的方式，而是以全然信靠的態度，將他所知道的信仰內容實踐在他個人生命經歷中。本書《曠野逆境，恩典相隨：從執行長到在美滯留服刑 2343 天的告白》的內容，雖已是過去的歷史（history），卻是HB面對生命挑戰（ANTITRUST）時，帶著所給予的交託信靠（TRUST），經歷生命旅程的故事（his story）。

推薦序

意外的恩典之旅

熊暉（八維智能股份有限公司董事長）

從二〇一〇年中到二〇一六年底，這漫長的六年半時間裡，我的患難弟兄陳炫彬（ＨＢ）與我，在人生的旅途中意外地偏離了原來的航道，而更出乎我們意料的是：這原本看來充滿了驚濤駭浪、十分凶險的旅程，竟是一段恩典之旅，分別成為ＨＢ與我的人生下半場的正向轉折點。在這本書《曠野逆境，恩典相隨：從執行長到在美滯留服刑2343天的告白》中，ＨＢ誠實地分享了他這一段精彩的故事，故事中的他既是一位失去自由的美國聯邦監獄囚徒，也是一位完全自由的基督國度裡的新生子民。我相信無論讀者是什麼宗教背景，都能夠從HB在書中所分享的人生哲學裡得到啟發。

HB的這一段旅程，從美國對台、韓面板廠的一場反壟斷官司開始，從他受困美國、官司失利、受洗成為基督徒，之後兩度進出美國加州沙漠裡的一所監獄，到返回家鄉台灣，我都有幸參與、見證。在這篇序文中，我根據自己的親身體驗，針對故事中的兩大背景：美國司法和基督信仰，加以補充說明，希望對讀者在閱讀本書時有所幫助。

美國的強權司法

二〇〇一年九月，美國發生911恐怖攻擊事件後不久，剛進入液晶面板產業滿兩年的友達光電，正擔憂著911事件對面板市場的負面衝擊時，HB和我收到同業的邀請，參加了幾次台、韓面板高階主管的會議（後來被稱作水晶會議，HB和我參加了一年後感覺意義不大，改派行銷主管參與），當時我們天真地以為這是讓友達了解面板市場及同業的好機會，豈知這卻是讓我們九年後，踏入遠在一萬公里外的美國舊金山聯邦法庭、面對反壟斷官司的第一步！

反壟斷（又稱反托拉斯、antitrust）的基本精神，是消弭商業上的不公平競爭，藉以保護消費大眾。各國的反壟斷法內容不同，但多屬民事法範疇，而美國是全球極少數國家將價格壟斷列為刑事，即個人可被定罪服刑。

尤有甚者，美國司法對價格壟斷行為採用最嚴格定義：同業間只要討論價格即屬犯法（per se illegal）。雖然在水晶會議中，友達所透露的價格與事實價格有很大出入（無任何價格約定），且在美國檢察官宣稱的五年價格壟斷期間，各類面板的平均價格都下跌了七、八成左右，消費大眾反而是受惠的，但美國法庭僅以「與同業討論價格」的行為，就將公司及主管定罪。

本質上，美國是個嚴刑峻罰的國家，僅聯邦刑事法就有四千五百種，其中許多帶有相當長的刑期，因此，美國的監獄人口約二百二十萬人，高居世界第一。除了法令多如牛毛外，許多法條的內容模糊，不但普通百姓稍有不慎就可能誤觸法網，也給了司法單位較大的解釋空間，例如本書中友達價格壟斷的相關訟案，芝加哥聯邦法庭及其上一級的第七巡迴法庭皆判定友達無罪，對同一法律的解釋，與舊金山聯邦法庭及其上一級的第九巡迴法庭完全相反。

我在美國監獄中認識的白領罪犯，固然多屬知法犯法，但也有不少獄友失足於法律的灰色地帶，最悲慘的幾個案例是聽來並不嚴重的商業過錯，卻遭法官重判十幾二十年徒刑，在牢中耗盡黃金年華，終至妻離子散。HB與我的案子遭檢察官求刑十年，若非法官仁慈，我們這對難兄難弟恐怕至今仍在獄中。

基督的大愛

我在少年時曾接受天主教洗禮，年長後忙於學業、家庭、事業，似乎與主耶穌漸行漸遠，直到二〇一二年九月法官宣判ＨＢ與我的刑期為三年時，我才知道主耶穌從來沒有離棄過我。我們的判決分為兩步驟：先判定有罪，六個月後再決定刑期。就在法官決定刑期前一個月左右，檢察官突然在媒體上發布了對ＨＢ和我求刑十年的消息，沒有人能夠幫得上忙了，我只能對主耶穌禱告，求祂指引法官給我們的刑期不要超過三年，祂真的聽到了我的禱告！（後來我在獄中讀到一篇報導：美國約有四分之三的法官，完全依照檢察官要求的刑期作判決。）

基督徒大多知道主耶穌並不是「有求必應」的神，ＨＢ在書中寫了我們上訴失敗的過程，禱告無效，連信仰堅定的他都對神抱怨起來。事後，我們才明白為什麼主耶穌不回應我們的祈求，原來祂已有更好的、不是我們凡人能夠想像得到的安排。在本書中，讀者就可以處處看到發生在ＨＢ身上的恩典。

主耶穌的大愛並不因人而異，即使像我這不及格的基督徒，在過去幾年裡所蒙受到祂的恩典，並不比ＨＢ少，下面舉兩個比較明顯的例子：

我生長於台灣，大學畢業後去美國留學、工作，一女一兒皆出生在美國。一九九六年我隻身回到台灣參與友達光電的創建，直到二〇一〇年返美打官司前，都與我心愛的家人們聚少離多，犧牲了最珍貴的親子關係。沒想到一場災難性的官司，又讓我們一家人經常相聚，親子關係竟因此彌補起來了。我的已婚女兒曾經被兩位醫師分別診斷為難以受孕，然而我兩次出獄後不久，竟都親自迎接了我那兩位可愛的小外孫女先後的誕生！

在我暫居舊金山灣區打官司期間，巧遇我失聯多年、當年在柏克萊加州大學唸書時的好友沈立健博士，兩人相約在我官司結束後回台灣創業，搭個舞台讓優秀的年輕人揮灑。二〇一七年四月，我們在台北創立了八維智能公司，致力於人工智慧的應用，在極短的時間裡，竟召募到十幾位一流的軟體人才，ＨＢ也成了我們的創始股東。寫這篇序文時，公司剛滿週歲，研發、業務進展都超乎預期的順利，我內心明白：主耶穌正持續地關照著我們呢！

人的一生中，有時遭遇到挫敗其實是難以避免的事，ＨＢ在這本書中分享給讀者的，是面對挫敗時的心態和處理的方法，在書中他說：「我從未將信仰當作避風港，反而將信仰和禱告成為我的謙卑和力量的來源。」

我以一個見證人的身份，推薦這本好書給親愛的讀者們。

推薦序

我從前風聞有你，現在親眼看見你

蘇峰正（隆達電子股份有限公司董事長）

「我從前風聞有你，現在親眼看見你。」——《約伯記》

一

「男兒需志行多遠，才堪被稱作硬漢。

吾友何妨聽吾言，答案已隨風而散～」

一口氣看完炫彬（ＨＢ）的這部書《曠野逆境，恩典相隨：從執行長到在美滯留服刑2343天的告白》，巴布·狄倫（Bob Dylan）的〈答案在風中飄盪〉（Blowing in the wind）旋律同時在腦中響起。HB用細緻的筆觸、睿智的多思、不屈困境裡鐵骨錚錚的能量，給我們每個人僅有一次的有限人生，延展開多次多層面更為豐富廣闊的生命呈現。

生命因暗夜而熠熠生光。硬漢大作家海明威說：「人可以被摧毀，但不能被打敗」。看到HB在美國監獄裡小中風的情節令我揪心，無邊落木蕭蕭下，萬山不許一溪奔，可心靈自由之不羈意志，不可抑制不可馴服，那段歲月，他戴著心靈的鐐銬起舞，不屈不撓不困於斯的堅強磨礪，令人印象深刻。

HB滯留美國及入監時，我曾拜訪他幾次。在美服獄探望，可以想像千億上市公司執行長行動受限的監獄生活，文中雖輕鬆描繪，但會客時僅能像小學生坐向朝門口的矯正官，上廁所也受管制，要起身孤零的立正站到門邊，等矯正官有空或心情好時，才來為你開門，這一站立可能就是十五分鐘以上。「神在旋風中的迴響，根本不直接回答苦難的緣由。」《約伯記》。

憶往昔崢嶸歲月，那些年在友達集團內，ＨＢ領軍務實團隊合作、永遠肩負責任心、企圖心旺盛，激勵感召士氣、授權溝通協調、給予同仁正面協助；帶隊有方，身正令行，他 lead by example，加入友達前ＨＢ在明基馬來西亞廠服務時，意外被車子撞昏，頭部受傷、左腳骨折，仍堅守崗位，坐著輪椅巡廠，令人動容。

他，謙謙君子溫潤如玉，可，亦是性情中人的硬漢子。

有次拜訪國際知名電視品牌客戶，當時面板短缺、供貨不足又漲價之下，客戶軟硬兼施要貨，席間出現不少威脅、難堪用語。ＨＢ當場發作，跟我耳語：「David，他們太過分了，不必再跟他們談了！把會議結束掉！我們走吧！」

會後，ＨＢ為團隊剛剛所受的委屈憤憤不平，說：「我們也是有自己的格調、價值、地位及尊嚴，怎容他們在言語上的欺凌及無理的要求！」

他愛惜屬下、團隊的真性情，表露無遺。

「Cheers！」是ＨＢ給同仁常用的字眼。謙遜但勇猛，他常笑說：「我們面臨的環境唯一不變的，就是一直在變，再多的內部計劃，也趕不上外面的變化。」他常鼓勵團隊：「不用怕！放手去做就對了！」並笑說：「面對這麼多不確定的挑戰，我就帶頭往前衝，扮演給團隊信心、互相壯膽的角色，碰到困難了，逆流而上向死而生，積極樂觀去面對和解決。」

二

ＨＢ骨子裡是一位永遠的戰士，血液中流淌著義人不滅的激情。他個性頑強，囿限試煉，歷劫多幸，夙世善緣，終在宗教信仰中找到最適合他的歸宿。《聖經》裡說：「愛是恆久忍耐，又有恩慈。」他在奪福困境下仍抱持向上信念；態度不凡，他盡全力勇敢的為他認為正確的事情而戰，努力之後也坦然接受最終的結果，最後以感恩蒙福迎接人生的下半場。

地有罅隙裂縫，光芒才照進現實。人生有突發和不幸，但更有愛和恩慈；彼岸攜舟這幾年ＨＢ夫婦更顯鶼鰈情深，家人朋友們情感紐帶由此深厚連結。從這方面來講，上帝也許是像當初挑選約伯那樣，選擇ＨＢ來幻化神跡。

猛志固常在，復得返自然。ＨＢ個性裡西方價值的理性反省，和莊子不掛一物虛室生白的瀟灑精神，契合詮釋了他人生前半場的高分。莊子說：「獨與天地精神往來」。現在的ＨＢ已投入大量的精力時間，去影響裨益更多人，相信這部書也會是很好的參考書。

孟子曰：「雖千萬人吾往矣！」相信ＨＢ在走出美國聯邦監獄大門的瞬間，心靈早在《聖經》裡獲得無限自由，也祝福他在未來歲月裡，像本書內文提及的丁松青神父（丁松筠神父胞弟）一樣，手執精神之火炬，照亮更多人，做一位永遠前行的燃燈者。

推薦序

逆境轉為勝境

劉金枝（本書作者妻子）

人在順遂有成就的時候，都會覺得是自己的能幹和努力造就的成果。唯有經歷人生的大挫折，才能體會到沒有神這個宇宙創造者的應許，我們連吸口氣，喝口水都不能自主。

炫彬在二〇一二年因為面板反壟斷官司敗訴，面對坐牢困境時願意謙卑接受主耶穌的呼召，在勤讀《聖經》和相關書籍四個月後，因感動而受洗，成為神的孩子。

因為有主耶穌的信靠，和弟兄姊妹，朋友以及同事的溫情關懷，在二〇一〇年至二〇一六年這段滿佈烏雲的日子，使我們有力量，有耐心，有盼望，內心平安，一關一關地走過。原以為是黯然無光的日子，卻成為炫彬能安靜坐下來看書，寫日記寫信的豐盛好時光。

坐牢不是一件光彩的事，炫彬寫出本書《曠野逆境，恩典相隨：從執行長到在美滯留服刑 2343 天的告白》的動機，是要和大家分享，在逆境荒漠中，他如何遇見神，甚而受神的光照，感受家人同學，朋友和教會弟兄姊妹的愛，學會事事感恩，因此喜樂，將逆境轉為勝境。

作者序

找到人生的定錨

如果給你六年半的時間，只要努力去經營你的人生，你一定能夠成就許多的人生大事。例如，完成學士、碩士，甚至博士學位。或是成為創業家，擁有逐漸穩定發展的公司，或是成家立業，有了溫馨的家庭與孩子，總是有無限的機會和可能。在此同時，智慧型手機、平板電腦的前六個年頭，風華正盛，呈爆炸性的成長，改變了人類生活和工作的方式。

然而，我和同事熊暉從二〇一〇年七月底之後的六年半，全然不是如此。我們在這六年半期間面對美國司法部「涉嫌聯合操控液晶面板價格，違反美國反托拉斯法」的訴訟，經過冗長的法官、檢察官、律師和陪審團的聽證、辯論、攻防的過程，終於被陪審團判定有罪、法官判刑、坐牢、不服上訴、獲准保釋、又被駁回、第二次入獄至服刑期滿出獄。

期間的轉折、盼望、失望，不斷地重複迴盪著。熊暉和我這一對患難兄弟終於分別在二〇一六年十二月和二〇一七年一月，平安健康順利地在美國異鄉服刑完畢。

對我和內人金枝來說，這不僅是一趟生命大轉向（detour）的旅程，更是我們親自經歷見證耶穌基督信仰、恩典和重生之旅！在這段試煉期間，我的確是從忿怒不平、痛苦、無助、自信和驕傲的個性中，因為基督教的信仰，逐漸地將我的個性與情緒，轉化成忍耐、節制、謙卑、恩慈，並且倘佯在基督耶穌的大愛之中。

我必須承認，《聖經》對我產生最大的震撼就是，在六十一歲的年紀，才驚訝地發現《聖經》敘述的所有內容，竟是我的生命和生活的全部，舉凡家庭關係的經營、柴米油鹽的生活點滴、公司的營運管理、人生觀、價值觀、人文、歷史、哲學等等，隨手一翻，都可以在《聖經》裡，找到啟示、安慰和鼓勵。我衷心地盼望我寫的這本書《曠野逆境，恩典相隨：從執行長到在美滯留服刑2343天的告白》，對還沒有認識主耶穌的讀者們，藉著這本啟蒙書，成為慕道者和主耶穌基督的門徒。

在我們夫妻面臨生命中最困難的時候，因為信仰的宗教力量，支撐著我們，過著時而充滿了無助，時而充滿著盼望的被隔離的生活，我很願意將其中經歷過的吉光片羽，生命轉彎的點點滴滴，忠實地分享給讀者。尤其是黑天鵝到處出現的現代世界，難以分辨真假虛實的網際網路信息，指數型科技的發展、ＡＩ、ＩｏＴ、萬物聯網、無人車、反自由化、反全球化的保護主義捲土重來，我們個人如何自處或自我定位？

此時此刻，我認為心靈的定錨和信仰是關鍵，我衷心地期待讀者閱讀本書時，找到自己人生的定錨，能夠穩健且自信地，面對令人眼花撩亂又充滿挑戰的世界！

註：本書內文所引用的《聖經》經句，取自和合本、現代中文譯本和啟導本《聖經》。為了讀者們閱讀的連續性，不會另外加註引用《聖經》的章節。

目錄 CONTENTS

第六章

前言

一場充滿驚奇的意外之旅

自從二〇一七年一月二十五日從美國加州的監獄出獄回到台灣，至今已經一年半了，這段期間我確實享受著許許多多，不在計劃中神的恩典。在監獄裡曾經起心動念，記下過去七十八個月、二三四三天，滯留美國加州和監獄的生活點滴，於是有了這一本書。

每個人的一生，都可能面對不可預測的困境，結局卻端賴當事者以什麼樣的態度來看待它。感謝主，我的案子，同業間液晶顯示器價格協商的會議，在經過法官、檢察官、陪審團、起訴方和被告方的辯論過程裡，已經充分了解事實真相，讓我不致於感到自責、自憐、自卑，反而坦然面對美國司法的挑戰和判決。

坦白說，這是一場無法事前規劃又充滿驚奇的意外之旅，幸好藉著日記、耶穌基督的信仰、恆常的禱告和主耶穌永無止盡的愛，翻轉了我的下半場人生。

我必須感謝許許多多的人，包括最親密的家人、同事、同學、朋友和美國台灣兩地教會的牧師、師母和弟兄姊妹們。其實最要感謝敬拜讚美的，就是阿爸父神和主耶穌基督！這是一場有愛就有恩典的見證！

第一章

從千億執行長到在美滯留服刑 2343 天

二〇一〇年六月，美國舊金山聯邦法院和司法部檢察官動手了，正式起訴友達光電、美國分公司和六名主管，包括我本人、熊暉、陳來助、梁兆龍和李燦榮。二〇一〇年七月下旬，我們一致決定赴美向舊金山聯邦法院提出不認罪的聲明，開始了六年半的試煉！

我和熊暉暫時失去了自由，反而讓我們知道我們的能力是有限的，不能夠老是以自己的標準或價值觀，陷入自以為是的泥淖裡面。過去十幾年來熊暉和我並肩經營友達，經過許多次景氣循環的風浪，我們都一一挺過來了，如今我們都安靜地接受這樣的結果。在獄中充分地利用寶貴的閒暇時間，認真地活著！

我因為有了新的信仰，知道主耶穌基督必定會保守我在獄中的生活平安，更因為這樣的試煉，我和太太金枝贏得了豐盛的下半場人生。失敗了、失去自由、也失去工作，全輸了嗎？感謝主！我們贏得了更豐盛的下半場人生和更永恆的生命價值！

神的揀選？

我是新竹縣新埔鎮土生土長的客家人。一九五一年出生，一九七五年畢業於交通大學電信工程學系。那個時代歐、美、日等工業較先進的國家，紛紛想辦法將生產製造基地往外遷移，可以大幅度降低成本、提高產量，以應付自由市場經濟下大量增加的需求，在當時台灣也成為這些已開發國家海外的生產基地，他們將比較專業、標準化大型大量的製造技術，以及國際性企業的產銷管理觀念操作方法帶進台灣，我相信在那一段時期進入外商企業和工廠工作的讀者，對此一定有很深的體會。我也躬逢其時，服完兵役後，進入台灣飛利浦公司的竹北廠，同時製造黑白和彩色映像管，從工程師開始做起，接受到歐式管理的強烈衝擊。在飛利浦任職的五年，我和同為交大的學妹劉金枝結為連理，三個女兒也相繼出生，也有了一點穩定的工作。但是在當時微處理器和電腦正夯，施振榮先生創辦的宏碁電腦吸引了我，於是在一九八三年毅然轉換跑道，進入新竹科學園區的宏碁電腦公司，此後的三十多年歲月，一直沒有換過公司，都在泛宏碁集團裡工作和創業。

我和李焜耀先生成為創業伙伴始於一九九二年。當時他是明基電腦（後改名明基電通）的總經理，他指派我遠赴馬來西亞檳城擔任廠長和總經理。從一九九二年到一九九七年的五年期間，我在這裡的工作確實是李先生給我一個儲備未來工作能力的大平台。馬來西亞是一個多元種族、語言、文化和宗教的國家，是我、太太和孩子們首次經歷的異國經驗。

當時明基電通檳城廠所製造的產品，涵蓋桌上型映像管顯示器、電腦鍵盤和之後增加的光碟機，市場需求急速成長，員工人數劇增、組織擴張，物料管理、ＩＴ系統和製造系統同步加速建制，是明基電通快速成長的黃金時期，這是一個跨國企業實戰場域，現在回顧起來，這是一個我們管理友達光電的職前訓練。當時的經營團隊除了我之外，包括友達前財務長鄭煒順、明基電通前總財務長游克用、現任的友達董事長彭双浪等人；不僅如此，檳城廠也訓練出一批當地的精英團隊，分別派駐集團公司旗下台灣、大陸和歐洲分公司，負責當地的管理工作，在海外的這五年工作職涯，是我最值得驕傲的工作績效之一。

在檳城工作期間，還有一段小插曲。太太金枝帶著三個女兒來到這裡一起生活，在這個陌生的地方，族群多元，為孩子們安排適當的就學環境很重要；在當地有多所國際學校可供選擇，孩子們剛開始念英國學校一個學年。在寒假的某一天，全家人開車沿著海岸線流覽美麗風光，偶見一間學校，非常喜歡它的環境和氛圍，進入一問才知道是間基督教會為了在東南亞宣教士的兒女們辦的美國學校，叫 Dalat International School，採美國學制，也招收一般的國際學生，於是我們就決定讓三個女兒都就讀這所學校。金枝除了照顧女兒的生活，有空時也會參加家長辦的查經班，並且不時出席學校教堂的主日禮拜；女兒們在美國學校也有上《聖經》課程，二女兒如慧在當時就決志信主，到美國賓州大學念書時，受洗成為我們家第一位基督徒。多年後，我和金枝因為遇到這個面板反壟斷官司的困境，二〇一二年分別在美國聖荷西（San Jose）迦南教會受洗，原來神在我們居住在檳城的時候就預先揀選了我們，感謝主耶穌！

從達基科技到友達光電

一九九六年八月明基電通轉投資成立達基科技，先聚焦在PDP（電漿顯示器）的研發與製造。一九九七年五月李焜耀董事長將我從任職五年之久的檳城廠，調回台灣擔任達基科技總經理（後來的友達光電）。不到一年的時間，我們發現電漿顯示器的技術和市場需求不如預期，毅然決定同時發展TFT-LCD液晶顯示器。這個技術快速發展，幾乎每一年半的時間，就發展出更大的玻璃基板和更先進的大型設備，韓國的三星電子和樂金電子積極地發展新世代的玻璃基板和技術，加上台灣的五家面板公司的投資，競爭激烈，面板的供需週期和產能的急速成長明顯失衡，造成價格的崩跌，面板公司的營運績效形成小賺或大虧的情況，併購成為重要的策略之一。達基科技先於二〇〇一年九月合併聯華電子子公司聯友光電，改名為友達光電（AUO），接著於二〇〇六年十月合併廣輝電子，迅速躍居全球第三大的面板公司，僅次於韓國的三星和樂金電子，二〇〇七年度全年營收高達新台幣四千八百億，全球員工超過四萬五千人的規模。

由於液晶顯示器技術不斷的突破創新，玻璃基板愈來愈大且愈來愈薄，面板的應用在幾年之內，迅速地從筆記型電腦擴充至桌上型顯示器、電視、智慧型手機、平板電腦、公用顯示器和汽車內的所有顯示器，不一而足。面板產業是一個技術、資本非常密集且高風險的產業，當時台、韓業者在技術和產能方面不斷地進行軍備競賽，提高技術門檻和改善製造良品率，但是消費性電子產品需求，充滿著季節性的變動，供給過剩或需求不足不斷地循環著，業界稱之為「液晶循環」（Crystal Cycle）。面板公司的損益變得非常的不平衡，投資風險日益嚴重，所有的面板公司都面對巨大的經營壓力，不在話下。

水晶會議的爾虞我詐

二〇〇一年，三星電子找到台灣的一個面板友廠，提議台、韓幾家面板大廠能夠定期聚會，美其名是為了產業的共存共榮，資訊分享並且結成戰略夥伴云云，還取名Crystal Meeting（當時媒體稱為「水晶會議」，

crystal 即指面板所用的液晶材料）。

其實打從一開始，我們也未必天真地相信台韓友廠所建議的構想和效益，但是面對客戶採購經理人挾著大量採購和議價的優勢，形成同業間愈來愈激烈的價格競賽，加深公司的營運壓力，在理性上我們也樂見公司之間能夠達成一種良性競爭的結構，而非掉入價格競賽的惡性循環裡。

我和另一位創業伙伴熊暉在參加了幾次會議之後，就看穿了這個會議的本質與友廠的企圖，我們不再相信共存共榮的宗旨，我們決定不再參加會議，改由業務主管參加，然而我們仍然失之大意，其一是日後美國司法部起訴我們的時候，這幾位年輕主管被列入被告，其二是雖然我和熊暉不再參加，我們依舊被列在每一次的會議紀錄裡。

而李焜耀、我、熊暉等友達光電的高階主管都認為，我們並沒有聯合壟斷價格的實質證據。事實上在會議持續的五年期間，因為需求持續成長，所有的面板公司繼續擴充產能，價格掉了七八成左右，後來在陪審團審判過程當中，證據顯示幾乎所有公司對客戶的成交報價，都低於會議記錄協議的價格，這些現象不符合所謂反托拉斯法律的定義，然而我們當時並不了解反托拉斯法的定義裡面，卻隱藏著一些法官的解釋空間。只要有證據顯示廠商之間，有具體的價格協議行為或意圖，檢察官和陪審團認定你「應該已經知道違法行為卻依舊去行動」，就算犯罪，稱之為「當然違法」（illegal per se）。

另一方面，美國司法鼓勵污點證人制度，三星電子率先以污點證人身分向司法部自首，換取免刑事責任的刑罰，其他面板公司先後向司法部認罪協商，可以減輕刑責和降低可觀的罰金，認罪協商的公司主管未經陪審團審判，即全部由法官裁定坐牢刑期和罰款，無一倖免。

我們則天真的以為，這件事並不構成犯罪的法律要件；水晶會議的五年期間，所有公司依舊擴充產能，依舊大幅降價，與反托拉斯法的要件相違背，經過董事會的決議，我們選擇不認罪協商。二〇一〇年六月，美國舊金山聯邦法院和司法部檢察官動手了，正式起訴友達光電、美國分公司和六名主管，包括我本人、熊暉、陳來助、梁兆龍、李燦榮和白柏龍；七月下旬，我們一致決定赴美向舊金山聯邦法院提出不認罪的聲明，開始了六年半的試煉。

熊暉是美國公民，主動要求先行探路，一到法院，護照被扣押，要求鉅額保釋金，於是除了白柏龍因為父親生病請假外，我們四人二話不說，馬上赴美做相同的聲明，結果好似羊入虎口，遭到相同待遇：護照扣押不得離境，繳交保證金並做DNA採樣，才不致於收押監禁。這就是我們當時遭到美國司法機關的待遇，終身難忘！這件事情在台灣也造成相當的震撼，曾經請政府高層協助，但是徒勞無功。

滯留美國加州期間，我們和律師團開始密集討論，準備所有資料和證據並且加強演練，希望在未來法官主持的訴訟和陪審團的辯論中取得勝利。雖然最終結果事與願違，我和太太的人生和信仰，卻是大大地被主耶穌改變了！

滯留美國的新生活

我們五位在毫無預警的情況下被迫留在加州灣區，公司和家人都亂了套，經過討論摸索之後，我們逐漸理出頭緒。早期的幾個月，我們像是遊牧民族般住在不同的旅館，最後我們決定集中友達的外派員工在一個辦公室辦公。我們則就近住進了出租公寓，方便家人來探望和住宿，生活逐漸穩定下來了。因為我們幾位主管無法在總部辦公，公司馬上啟動了代理人制度，總經理先後由鄭煒順和彭双浪代理，最後由彭双浪擔任總經理和執行長，帶領公司走出訴訟的漩渦。

事情發生的初期，公司的同事非常震驚與難過，在我們面對困境的時候，分別舉辦過很感人的活動，並且寫信鼓勵我們、為我們加油！

之前在台灣工作時，壓力非常之大，為了保持健康且平衡的生活，我保持著兩個不錯的習慣：一是晚上休息時，經常隨筆寫下一些簡單的心情日記，是一種內心的自我對話和舒壓；另一個好習慣是，規定自己每天要在自家的庭院來回走路運動五公里，並且記錄下來，每個月初計算上個月的達成率（公司的營運指標為良品率），二年下來，每個月的達成率都有百分之九十以上，甚至百分之一百。到國外出差也算，運動鞋和衣褲是行李箱的必備品。二〇〇八年我參加「ING台北國際馬拉松」路跑活動，九公里路跑，花了六十一分四秒跑完全程；二〇〇九年參加改名為「富邦台北馬拉松」的十公里路跑，奠定了我喜歡走路健身的習慣。當我滯留美國時，時間相對寬鬆，健行和寫日記成為每日的功課，後來入獄服刑期間做得更徹底，加上每天的禱告、讀經、念書，身心靈都兼顧了。直到目前，我依然保持這樣的好習慣，使我在面對這麼大的困境時，身體和精神狀況都保持得還不錯。

回家，是那麼遙遠的路

滯留在美一個多月了，很想念台灣的家人和年邁的父母親，我開始積極向法官聲請短期回台探親，記得第一次只獲准回家四個星期。為了回台灣，律師得到檢察官的同意後，再向法官提出申請獲准，向法院取得護照離境回台。請假期滿後必須按時回加州，第二天馬上繳回台灣護照給法院；這輩子從來沒有想過護照是如此的珍貴，回趟家竟要勞師動眾的申請。

當時父親年邁住在安養院，必須由專人看護；母親罹患肝癌且骨質疏鬆，經常進出醫院，我掛念他們，想回家探視老人家，母親每次住院成為申請回國的理由。二〇一二年三月十三日陪審團判決有罪，六月十三日驚聞母親去世，向檢察官和法官申請緊急回台奔喪獲准，按照台灣人的習俗，回家四十九天，雖然最終無法見到母親最後一面，但是相信母親會理解我的難處。

人間處處有溫情

在美期間，我們被要求只能在灣區一帶活動，然而面對法律無情打壓要求的時候，我們卻看見人間處處有溫情和無私的愛心。家人、同班同學、同事和教會的牧師、長老、弟兄姊妹們的熱情支持，讓我能在這段煎熬的日子裡，享受著他們的愛心和關懷，這種真誠的愛和關懷，令我沒齒難忘。

當我在美國的消息被報導後，大學同學鄒國虎和陳介川馬上和我聯絡，請我吃飯，週末邀我爬山。曾經在友達上班，當時留學在加州的一些年輕人，也很熱心來看我；所以在法院判決前，每個週末都有人陪同到不同景點爬山。

在滯留和服刑期間，太太金枝經常搭十幾個小時的飛機，穿梭太平洋兩端，需克服時差、情緒和體力的負荷，所幸夫妻同心，其利斷金，箇中辛苦，不足為外人道！金枝總笑說我們是「老牛郎織女相會」，三個女兒也利用假日，從東岸和中部飛來加州相聚在一起。這段期間，經過法官的同意，領了護照，我可以到女兒的住處相聚。真是神的恩賜，如此一來，我和女兒們相聚的次數和時間反而增加了不少。

為了充分享受加州的陽光和天氣，掃除鬱悶的情緒，我們會利用週末假期和同事、同學、朋友和家人相約去郊外踏青郊遊健身，留下了許多美好的回憶，我們的足跡遍及許多地方。

不管是滯留訴訟和服刑期間，友達的董事會、經營團隊和員工同仁的充分支持，也是讓我們能夠平安健康度過難關的關鍵因素，在此，我必須特別表達，衷心感謝友達的不離不棄和關懷。

首先，在二〇一〇年的八月初，當公司總部知道我們被困的不幸消息時，公司的主管同仁們紛紛表達了不捨和忿怒的情緒，於是發起了希望樹（hope tree）的活動，還有Hope and Believe（取我的英文名字HB）活動。同仁們踴躍參與簽名支持我們。有同事每天到竹蓮寺跪唸佛經一小時，為我祈福消災，也有同事發願每天唸《金剛經》一百遍。他們的愛心和耐心，讓我感動備感溫馨，雖然我們被迫滯留在美國，大家都盼望我們能夠早日回到台灣。

我的女兒如慧是基督徒，經常寄《聖經》的經句安慰鼓勵我，也為律師、法官、檢察官和陪審團員們禱告，求主耶穌保守證人說實話、不撒謊，不做假見證，不因自我的利益或公司競爭的利益而陷害別人，保守陪審團員有能力了解所有狀況，不存任何偏見，做正義的判斷。

她分享了幾個《聖經》經句給我：「耶和華是我的牧者，我必不致缺乏，祂使我躺臥在青草地上，領我到可安歇的水邊。祂使我的靈魂甦醒，為自己的名引導我走義路。我雖然行過死蔭幽谷，也不怕遭害，因為你與我同在。你的杖，你的竿都安慰我。在我敵人面前，祢替我擺設宴席。祢用油膏了我的頭，使我福杯滿溢。我一生一世都有恩惠慈愛隨著我，我且要住在耶和華的殿中，直到永遠。」（詩篇二十三篇）；還有這段：主耶穌對親自帶領的聖徒彼得說：「你們要把一切憂慮卸給神，因為祂顧念你們。」接著又引述主耶穌的話：「凡勞苦擔重擔的人，可以到我這裡來，我必使你們得安息。我心裡柔和謙卑，你們當負我的軛，學我的樣式，你們就必得享安息，因為我的軛是容易的，我的擔子是輕省的。」

好同事蕭雅文小姐也是虔誠的基督徒，她不斷地用郵件藉著《聖經》的話語堅固我的信心。在法庭進行辯論時，我的心情並不穩定，時而樂觀時而悲觀，透過郵件與台灣的經營團隊抒發一下不安的情緒，大家無言以對，唯有雅文不斷地用經文鼓勵。例如她在二〇一二年一月十九日，引用《聖經》箴言的話：「但義人的路好像黎明的光，愈照愈明，直到日午。惡人的道好像幽暗，自己不知因什麼跌倒。」面對這樣的訴訟，我們是義人嗎（對的、正確的、合乎神標準的）？信主之前，自認為是義人，信主之後，才知道要成為義人，是非常不容易的。

二〇一二年二月二十四日訴訟進行了二十四天，我發信給經營團隊，可見我當時的心情多麼的不安：

「整體訴訟時間比我們預測要短，策略上考慮儘量降低對我方不利的證詞風險。雖然主觀上我們認為對我們有利，但決定權在陪審團手上，這是最不可控的因素。這個案件是我這輩子以來，認為有信心，但是最沒有把握的一役，辯論過程中心情起伏很大。我們謹慎小心為要，不到最後一刻，不可言勝。保持平常心。老天爺保佑！cheers! hb.」

雅文隨即回應一段經文，希望我平常心面對。保羅說：「應當一無掛慮，只要凡事藉著禱告、祈求和感謝，將你們所要的告訴神。神所賜出人意外的平安，必在基督耶穌裡，保守你們的心懷意念。」

二〇一二年三月八日，陪審團正在閉門討論中，我發了一份郵件給雅文：「最近幾天因為等待陪審團的討論結果，心神不寧，趕緊調適一下，已經好多了。其實我一直努力這麼做。除了念佛經，也唸妳和我女兒建議的《聖經》詩篇，反覆誦念，很有效果。不管結果如何，至少心情平靜多了，甚至於更有信心。我知道妳們正在準備新聞稿內容，三個可能情境，我就不管了。」

陪審團閉門會議時，我們每天都在法庭的休息室裡面待命，我們的心情複雜，無法輕鬆下來，任何時候都有可能要由法官宣讀陪審團的裁定。

終於有了結論！二〇一二年三月十三日上午十一點半，法官通知被告在法庭集合，宣布陪審團的裁定：十二位陪審員一致同意陳來助、李燦榮無罪；梁兆龍則因為陪審員無法達成一致共識，不做裁定（司法部後來再對梁兆龍起訴，經陪審團判決有罪，必須入獄服刑）；十二位陪審員卻一致通過同意陳炫彬、熊暉有罪。這是一個晴天霹靂般的消息。我和熊暉失望至極，無法理解。律師們更覺意外，我們輸了？回到休息室，我強作鎮定，淡淡地跟熊暉表示：「我們既然一起創業，我們就一起承擔責任吧！」隨後，律師們馬上討論上訴的策略，因為我們都認為法庭的審理過程有瑕疵，必須爭取在上訴時反敗為勝。

當天晚上回到宿舍，白天強忍的悲慟與不滿瞬間爆發出來，痛哭了許久，將自以為堅強的面具卸了下來，為什麼會這樣？不斷地問自己，為什麼會這樣？哭過了，冷靜了，鬥志又來了。於是馬上發了電郵給律師，提出要求馬上準備上訴的幾個訴求。同時又想到在台灣友達同仁們的反應，於是在三月十四日發了一封公開信。

我的這封信「面對困境，讓我們更堅強！」，內容如下：

各位同仁，鎮定了十幾個小時，因為睡不著，凌晨起來聽佛經CD，靜心，習慣性打開email，映入眼簾的是許多同仁慰問致意的信，此刻終於忍不住，流下眼淚，痛快地哭了一場。

回想這一路走來的點滴，我仍不悔最初的決定，因為不僅是為公司，也是為個人的清譽，奮戰到底。

昨天的判決公佈後，沈澱了一些時間，和各位分享我目前的心境。美國舊金山時間三月十三日早上十一時半（台北時間上午二時半），當我們聽到陪審團的結論時，著實大吃一驚！雖然前一天就有不祥的警訊，不過，心理上仍無法接受。直到晚上，強忍著失望，打起精神，發了封 mail 給律師 Mike，"Subject: Next fight."，總共問了九個問題。坦白說，"fight，Keep fighting" 的想法佔據腦袋，無法入睡。

回想白天，我還在安慰 Kuma（熊暉），凌晨時分，反而讓眼淚安慰了自己。我這個六十一歲的男人，因為同仁們的真誠支持，流淚，讓我卸下了我以為的堅強，感謝有你們的後援。哭過後，平靜了，也更堅強理性了。

判決公佈，我們雖然有暫時的挫敗，但也獲得部分的勝利。至少我們讓三位主管及家庭可以回歸正常的工作與生活。

相較於其他未上戰場就認罪的公司，友達一開始就選擇走一條不同的路，一條辛苦的路，但，這不就是我們的精神嗎？

未來仍有硬仗要打，無論是官司或公司營運，要贏，需要憑藉著我們自己的實力，以及更強的團隊決心。我在美國會堅強的面對，我也需要各位同仁繼續留下來一起奮鬥。

Stay tuned!

hb@Cupertino, US.

Fight、Keep Fighting，表達了我不認輸、不屈服和繼續奮鬥的決心。這封信曾被台灣的《商業周刊》登出，後來美國司法部的檢察官看到信的內容，認為我仍舊不知悔改，竟然用我的信函要求法官判處十年的有期徒刑！情何以堪？台灣的媒體也開始報導友達訴訟失利的議題並加以評論。

箭頭幾乎都指向董事長李焜耀的決策錯誤，不自量力地向美國司法機關挑戰，造成今日損兵折將的後果。其實不然，不只是李先生，熊暉和我都一致同意，必須跟美國司法部據理力爭，董事會最後也同意這麼做，在這裡我必須為李先生說句公道話。當時媒體報導評論，都一面倒地認為友達高層決策的錯誤。

在這裡我最感欣慰的，也認為我們沒有全輸的結局：六位被告，經過審判，三位無罪，三位有罪（梁兆龍經過再審，陪審團判決有罪，後來白柏龍自告奮勇赴美向法官宣告無罪，經過陪審團判決無罪）。如果當初認罪協商，我們六位全部坐牢，無一例外，就像其他認罪協商的公司一樣了。從社會大眾和媒體關注的角度來看，大家都把輸的那部分放大了，然後加以評論云云，大家卻忽略了贏的部分，避免了冤獄的發生，不是嗎？在異鄉異地坐牢有很大的風險，我就是一個典型的例子，稍後會仔細地描述（詳見第三章「小中風驚魂記」）。表面上，我和熊暉暫時失去了自由，反而讓我們知道我們的能力是有限的，不能夠老是以自己的標準或價值觀，陷入自以為是的泥淖裡面。過去十幾年來熊暉和我並肩經營友達，經過許多次景氣循環的風浪，我們都一一挺過來了，如今我們都安靜地接受這樣的結果。在獄中充分地利用寶貴的閒暇時間，認真地活著。

在二〇一二年四月八日復活節到教會之後，我因為有了新的信仰，知道主耶穌基督必定會保守我在獄中的生活平安，更因為這樣的試煉，我和太太金枝贏得了豐盛的下半場人生。失敗了、失去自由、也失去工作，全輸了嗎？感謝主！我們贏得了更豐盛的下半場人生，以及更永恆的生命價值！

第二章

神的連結，比 WiFi 還要快而有效

敗訴消息一傳播出來，上帝傳福音的天使，從台灣、美國兩地蜂擁而來，甚至連受洗的教會和牧師都幫我選好了。這是一個非常神奇的連結，也是神緊迫的呼召，神的連結比 WiFi 還要更快更有效，一點都不受頻寬或傳輸速度的影響。牧師來信詢問我是否準備好受洗，二〇一二年的暑期訂在八月十二日，我答應了。八月十二日正好是友達的週年慶生日，這真的是神奇異的恩典，我竟然將在友達的十六歲生日，受洗為基督徒了！是神的命定嗎？

奇妙的事情接連發生！教會的華語部有弟兄或姊妹受洗時，就會為他舉辦「受洗之夜」接受其他肢體的祝福。參加的每位弟兄姊妹帶食物來分享，並引用《聖經》經文鼓勵和祝福，輪流送給當天受洗的人。這麼做，對滯留在美國的異鄉人而言，萬分地感動莫名。他們每一個人是如此地用心，如此地真誠，這樣的愛和關懷，我永遠忘不了。金枝在同一年的十二月九日受洗之夜，也受到大家一一的祝福。

敗訴消息一傳播出來，上帝傳福音的天使，從台灣、美國兩地蜂擁而來，甚至連受洗的教會和牧師都幫我選好了。這是一個非常神奇的連結，也是神緊迫的呼召，神的連結比 WiFi 還要更快更有效，一點都不受頻寬或傳輸速度的影響。

神奇的連結：牧師的呼召

當我們被陪審團定罪的消息經報紙揭露之後，台灣信義神學院副院長魯思豪牧師在復活節主日，來到新竹的雅歌靈糧堂講道的時候，特別提到我的事情，並且希望在坐的弟兄姊妹如果有認識陳炫彬的人，應該安慰他，向他傳福音為他禱告。當時陳明恩弟兄和陳俊羚姊妹在講堂後方，擔任操作投影設備的同工，聽到之後大為驚訝。俊羚姊妹是美國運通派駐在友達，負責員工出差旅行票務訂位的工作，我們都互相認識，她認為是魯牧師交給她的事工要差派她。她也知道金枝即將返國，於是專程去台北買了一本《標竿人生》，請金枝轉交給我。起初她覺得很冒昧不妥，擔心我是否生氣或不接受。其實在當時，我已經在迦南教會受到聖靈感動了，正如《荒漠甘泉》對我的影響，我對這本書並不陌生，拿到手上之後，每一天認真地閱讀並且做筆記。

我特別從二〇一二年四月二十八日開始到六月六日，進行一共四十天的功課。第一天的日記寫著：「面對 Antitrust 的判決，我感到非常無助，但是無助加上信心的禱告才有意義！並且讀到馬太福音第二十三章十二節的內容：凡自高的，必降為卑；自卑的，必升為高。」這不是在說我嗎？的確，我曾經因為事業的發展，愈來愈驕傲、自大、自信，現在回落到地面了，還要面臨牢獄之災，我被神降卑了，我是應該被神管教也必須謙卑地接受。這樣的反躬自省，如果我沒有面臨無助無奈的窘境，是做不到的。

為了感謝魯牧師，後來我們聯繫上了，用 email 通信，當時他擔任信義神學院副院長，非常熱心地傳道和教學。他透露有一位佛教的女法師，去了美國教佛學，接觸了《聖經》教義，決定皈依為基督徒了。

來自陌生人的一封信

就在我的公開信經過媒體的報導之後，四月五日我收到一封不明郵件，署名 Fangjia 的 gmail，信件內容如下：

「陳副董事長您好：

最近在《商業周刊》看到您發給友達員工的信，寫到您睡不著起來聽佛經，這句話讓我掛在心上。對您來說，現在應該是您生命中一個很大的轉折處，面對未來的高度不確定性，我了解此刻您內心的不安。寫這封信沒有特別用意，只是想跟你說，其實有一位神，造天地宇宙萬物的那位神，他非常、非常地愛您。祂的名字叫做耶穌。不論您有沒有聽過他的名字，都不會改變他愛您的這個事實。此刻就是因為祂的愛，所以我在這裡寫這封信。馬太福音十一章二十八節說：『凡勞苦擔重擔的人，可以到我這裡來，我就使你們得安息。』我為您禱告：親愛的天父，謝謝你讓我現在寫這封信。主啊！你是那全能的、全知的、無所不在的造物主。此刻我要把陳副董事長親自交託到你手中。他這幾年來，尤其是這幾個月來內心的煎熬，你都知道。那些為人所知，為人所不知，他深藏在內心的愁煩、憂慮、恐懼，你也都知道。但是現在，你更渴望他知道，其實他可以把這一切重擔都交託給你。你希望他知道，在他人生面臨如此巨大的風浪時，你有多麼渴望幫助他，撫平他心中的不平，平息他心中浪濤。

主啊，求你在這個時候，讓他的心安靜下來，安慰他，親自對他說話。

讓他知道，你向我們所懷的意念，是賜平安的意念，不是降災禍，要給我們一個平安與未來。主啊！我們是多麼的軟弱與無助，我們活在這個世界上，有太多事情是我們人手所不能及的。所以我們呼求你，請你親自來幫助陳副董事長，你開始在他的生命中動工，不論是在工作或家庭方面。因為你說了，不要倚靠自己的聰明，應當仰賴耶和華，在一切所行的事上，都要認定你，你就必指引他的道路。所以主啊！我求你，在他人生的這個轉折處上，親自來引導他。讓他在黑暗中，找到來自於你的光與盼望。讓他知道你不是一個宗教，你是愛，你是道路、真理、生命。你是那又真又活，我們可用生命來經歷的神。而且是愛我們至深、至廣的神。謝謝你。禱告是奉主耶穌的名求，阿們！」

第二天我很禮貌地回信，並且讓 Fangjia 知道，四月八日的復活節，我的女兒如慧將帶我去基督教堂祈禱。Fangjia 又回了信，她倍受鼓勵，因為我會去教會。但是我們從此失聯了。

奇妙的是，在我出獄後的二〇一七年五月，某天在整理文件時竟然發現當時的信件，終於再度聯繫上了，她的名字叫李芳佳小姐，在日本工作。二〇一八年春節她回到台北，我安排芳佳共進晚餐親自感謝她。我特別加入這一段故事，見證了神奇妙的作為：主耶穌會將聖靈的感動賜給祂所喜愛的人，然後將主耶穌的愛賜給祂命定的人！感謝主耶穌基督！

給我力量與安慰的《荒漠甘泉》

在此同時，當陪審團判決我們有罪，台灣媒體大幅報導之後，學學文化創意基金會副董事長徐莉玲知悉此事，特別將學學精心出版的《荒漠甘泉》，請李焜耀董事長轉送給我和熊暉。當時我已經決志信主，當然喜出望外，特別親自感謝徐副董，也才知道她也是虔誠的基督徒；我們之前素未謀面，現在兩家卻成為好朋友了。徐副董在學學一樓成立了「Agape 愛家倍主日學園」傳主的福音，她和夫婿台灣玻璃總裁林伯實先生還熱心地成立基金會，是台灣文化創意產業育成機構，長期推動台灣文化創意產業的人才培育和品牌育成，投入台灣文化色彩研究、藝術及設計展覽等等多項的公益活動，令人敬佩。

金枝的好朋友嫣紅，是虔誠的基督徒姊妹，也特別送了一本英漢雙語全譯本的《荒漠甘泉》，作者考門夫人（L，B，Cowman）優雅的英文素養，加上台大外文系彭鏡禧教授審訂的譯文，是我每天晨修的最佳教材，如今已經第六年了。雖然已經重複閱讀，因為時空、環境、個人情緒的變化，每一天都有很不同的感動和心得，神的話卻是恆久不變的、最可以依靠的真理。猶記得二〇一三年二月十二日我去聯邦監獄報到，獄吏僅讓我帶進兩本書，一本是《聖經》，另一本書就是《荒漠甘泉》。這兩本書一直陪伴著我在監獄的日子。最感動的是，每當我面對不同的情境和挫折不斷之際，這本書甘泉般的經句內容常常適時地給我安慰、勇氣和盼望，在獄中有無數次見證了神的同在同行。例如在《約翰福音》，主耶穌這麼說：「我留下平安給你們，我將我的平安賜給你們；我所賜的，不像世人所賜的。你們心裡不要憂愁，也不要膽怯。」在競爭異常激烈的現代科技環境下，平安變成一項奢侈品，我們的確是活在千變萬化且令人不安的環境裡，失去安全感是常態，我們生活在其中，長期穩定且平安的心思意念是絕對必要的。這個經句永遠存在我的心裡！之前在監獄裡面，現在出獄了，依然需要主耶穌所賜的平安。

上帝挑選的教會

訴訟敗訴後，四月的第一個週末、四月六日當天，二女兒從紐約來看我，適逢復活節，她請朋友的媽媽 Nancy 介紹教會，那時我和 Nancy 同住 Cupertino（庫帕提諾市）；Nancy 以為我是講台語的，就託她查經班的姊妹慧娜帶領女兒和我去聖荷西市的迦南台灣基督教會，參加復活節的主日禮拜，開啟了我的信仰之旅！

回想起來真的太巧了。三月中旬敗訴後，我就決定搬進原來陳來助在 Milpitas（密爾必達）租的公寓，離公司較近。後來發現從 Milpitas 公寓到迦南教會開車只要十分鐘，Nancy 夫婦也和我們吃過飯，怎麼會認為我是講台語的？總之，這是神的安排，上帝挑選的教會，神的道路高過人的道路。

女兒的帶領，復活節聖靈的感動

四月八日的主日禮拜，教會集合了華語部、台語部和英語部，三堂的數百位弟兄姊妹一同敬拜，從唱詩歌讚美神開始，我忘記唱到第幾首歌，但是在當下「凡勞苦擔重擔的人，可以到我這裡來，我必使你得安息；……」這個經句完全充滿著我的心，頓時激動地以淚洗面，無法自持。我的心裡才明白，我竟然將友達的擔子挑得那麼沈重，再加上被判有罪，擔子是重上加重。於是馬上就在心裡上將擔子卸下了，頓時覺得很輕鬆。敬拜結束之後，接待我們的陳英傑、馮慧娜夫婦特別將我介紹給蔡娟娟姊妹認識——我們是舊識，世界這麼大，我們竟然在此相遇，我才知道她是主內虔誠的姊妹，在這個教會已經三十年了。牧師和長老知道我面臨的處境，大夥又齊聚一堂，輪流為我的困難邊禱告邊流淚，求主賜福、賜力量、賜平安的心，很奇妙的，我的心坦然平安了！

當天晚上回到宿舍很快入眠，是我半個多月來睡得最好的一晚，感謝主！主任牧師蘇惠智送給我和合本《聖經》，從那一天開始，我對《聖經》求知若渴，從新約開始每天讀《聖經》，每一個星期日去教會參加張典翯牧師主持的華語堂敬拜講道，並且參加主日學課程、每個星期三晚上的禱告會，和兩個星期一次的團契聚會，討論分享《聖經》裡神的道。門徒訓練是張牧師非常重視的課程，我有幸成為張牧師的門徒，有些弟兄姊妹還大方地開放家庭提供大家聚會的場所，華語部和台語部的弟兄姊妹們都非常熱誠地關心、接待，讓我這個有家歸不得的「半個囚犯」倍感溫馨，這樣的感動，此生第一次，親自見證了基督耶穌帶給祂的門徒們「愛人如己」的愛！我的感動就是：我親眼目睹了弟兄姊妹們生活在彼此關懷、彼此分享困難、彼此代禱的氛圍當中，是那麼地自在自然。尤其是在工作與身心靈上互相扶持、鼓勵，從中得到安慰和力量！

從決志到受洗

復活節後二個星期，金枝也從台灣來了，帶來了俊羚姊妹送的《標竿人生》。金枝來的第二天是四月二十二日主日，蘇牧師和張牧師都邀請我們去參加主日，這是我們夫婦第一次一同進教會。當晚 Nancy 姊妹非常熱心地邀請我們夫婦和蘇牧師夫婦，英傑長老和慧娜夫婦參加全福會晚宴。全體會眾一起唱詩歌敬拜讚美神，歡樂氣氛像是同樂會，不同於教會的莊嚴。正當會眾歡愉熱絡交談之際，音樂突然停止，有弟兄上台作見證。第一位說，在二〇〇八年金融海嘯後，他突然失業了，向神禱告說：「如果是神您賜予我的工作，就讓工作來找我」，神是聽祈求的神，真的工作來找我。聽完沒有什麼感動，這和平日到廟燒香拜拜求工作的巧合，不是差不多嗎？第二位好像是求財物什麼的，我們開始心不在焉。第三位是春萌弟兄，他說中國大陸剛解放時，有一天主管突然問他：「想不想出國留學？」他就這樣走向一條自己從未想過的人生之旅。剛到加拿大留學時，三番兩次有來自台灣的留學生邀請他去參加團契，他總是戒慎恐懼的拒絕。多年後因為太太罹患腸癌，在病房無助的時候，上帝的天使們又來關心他們。某晚太太情況危急，突然有聲音說「拿牆上的氧氣罩」，度過這晚的危急後，太太主動要求受洗。後來雖然太太回天家了，他還是被感動受洗了（他講到這裡，我聽到旁邊的金枝已經潸然淚下，我也忍不住掉淚）。

春萌受洗後的人生，凡事信靠上帝，從續弦到找工作都向上帝祈求，神也都給春萌最好的。他曾經到一家業績不佳的公司當業務，他只能每天很認真的禱告，公司業績竟然奇妙地好起來，因此每次要接某個大單時，老闆總會提醒春萌要禱告。

神的恩典讓春萌在許多不可能的事情上變為可能，金枝聽了深受感動，我又正遭逢人生的大試煉，金枝的心被融化了，當下才懂得神是如何讓頑固的人破碎之後，才會謙卑順服的信靠神。接著全福會會長劉效宏博士宣告說：「在場的人士如果有誰還沒有信主，目前遇到人生困境想決志信靠主的，請站出來。」我毫不猶豫的走到前台，金枝也跟著我，另外還有一位先生站出來了！整個會場的人給我們鼓勵和代禱，我們非常地感動，有牧師和長老在場見證，我們同時決志信主了！是神安排和揀選的！（其實，事後我才知道這就是決志信主）。

因為魯牧師和俊羚在新竹雅歌靈糧堂的呼召，因此我在台灣時，我們就到位於新竹市食品路的雅歌靈糧堂做禮拜，葉輔興牧師也將我的狀況告訴弟兄姊妹。教會的蔡舜吟姊妹很熱心買了一本《約伯記》想要送給我，於是請託潘荷仙姊妹交給她的先生高健榮，他恰好是啟基的總經理，因為啟基科技在灣區的Milpitas設有分公司。很巧的是，四月二十二日全福會晚宴後，全福會會長劉效宏博士換公司，剛接任啟基科技美國分公司總經理一職，他回台灣述職之際，高健榮將《約伯記》託劉博士轉交給我。問題是他並不知道我究竟住在哪裡？他需要輾轉問Nancy、問慧娜。他還沒有開口問，有天中午，我從辦公室走向一樓戶外時，竟然遇到劉博士，原來啟基的辦公室與友達辦公室在同一棟的二樓，不同一邊而已，於是交書任務就這樣輕鬆達成了。舜昤姊妹送《約伯記》給我的目的是鼓勵我，像約伯一樣，雖然面對不明的試探，要堅定地相信神信靠神，切莫責怪神不理不睬。約伯最終得到神兩倍的賞賜！這又是一個奇妙的見證，同一件事情，我們五個人，彼此沒有WiFi聯結，一個接著一個地聯上了，主耶穌基督的愛將我們都聯上了！絕非巧合。

在友達的週年慶受洗

二〇一二年六月母親去世回家奔喪期間，迦南教會張牧師來信詢問我是否準備好受洗？教會的受洗日一年僅有三次，分別為聖誕節前、復活節和暑期，暑期訂在八月十二日，我答應了。於是將這個消息告知同事蕭雅文姊妹，她非常高興地恭喜我，並且告訴我八月十二日正好是友達的週年慶生日，這真的是神奇異的恩典，我竟然將在友達的十六歲生日受洗為基督徒了，是神的命定嗎？

奇妙的事情又發生了！為了準備受洗日的見證分享，我要找到復活節當天令我感動落淚的經句，是出自那一首詩歌的歌詞？查了之後發現，竟然就是《馬太福音》第十一章二十八節主耶穌的話：「凡勞苦擔重擔的人，可以到我這裡來，我就使你們得安息。我心裡柔和謙卑，你們當負我的軛，學我的樣式，這樣，你們心裡就必得享安息。因為我的軛是容易的，我的擔子是輕省的。」教會的同工調閱了當天的影片，竟然查不著有這首歌或是歌詞，令我感到非常納悶？原來這就是主耶穌賜給我的聖靈，祂要求我到祂的身邊嗎？是的，就在二〇一二年四月八日的復活節這一天，是主耶穌的聖靈，讓我復活重生了！

張牧師牧養的華語部有一個傳統，有弟兄或姊妹受洗時，就會為他們舉辦「受洗之夜」，接受其他肢體的祝福，參加的每一位弟兄姊妹會帶食物來分享，並引用《聖經》經文鼓勵和祝福，輪流送給當天受洗的人。這麼做，對滯留在美國的異鄉人而言，萬分地感動莫名，他們每一個人是如此地用心，如此地真誠，這樣的愛和關懷，我永遠忘不了，金枝在同一年的十二月九日受洗之夜，也受到大家一一的祝福。

同事弟兄姊妹的代禱

其實信主之後，我才知道公司內部有不少是主內的弟兄姊妹，都一直默默地關心我，為我代禱。

同事蕭雅文在台灣發起了「週三同心合意禱告會」，集合了友達在新竹廠和台中廠的主內弟兄姊妹們利用午休時間，一起為我們被判有罪的同事們禱告。我在美西時間週二晚上九點配合同步禱告。我列出的這一份紀錄正是二〇一二年十月三十日的禱告內容，當時正在向第九巡迴法庭申請保釋的作業，梁兆龍正準備面對司法部第二次的訴訟。每每想起這些感動的事，見證了主耶穌的愛，是如此地長闊高深！

Just a gentle reminder! 讓我們週三中午 12:00（美西週二時間晚上 9:00）

在ATC T112 Room有個同步的禱告。

不管您在哪裡，都可以進行，這週讓我們為以下六件事持續禱告；最為迫切的是為HB & Kuma（熊暉的英文名字）的申請保釋等候上訴，並禱告下個月會有好法官輪值。

一、為友達禱告，為友達的上訴禱告，為友達的營運及管理階層禱告，求主賜智慧及聖靈的動工來面對所有的挑戰。

二、為HB禱告，特別求主保守兩個向第九巡迴法院上訴的過程順利。求神將HB三年的刑期挪去，使其自由。求神持續賜出人意外的平安與HB及其家人同在。

三、為Kuma禱告，特別求主保守兩個向第九巡迴法院上訴的過程順利。求神將Kuma三年的刑期挪去，使其自由。求神持續賜出人意外的平安與Kuma及其家人同在。

四、為HB & Kuma的律師們禱告，求主賜智慧及聖靈的動工協助爭取兩位主管的最大權益。

五、求主在第九巡迴法院（Ninth Circuit Court）為我們預備好法官輪值，有神的公義、恩典及憐憫在其中。

六、為 Steven Liang（梁兆龍）禱告，求主賜智慧給 Steven 的律師，並預備好的陪審團，使十一月 retrial（再審）的過程有神的公義，恩典及憐憫在其中。

best regards, yawen

二〇一二年十月九日，有感於陷入反托拉斯的困境，我特別寫了一封信給李焜耀董事長（KY 為李焜耀的英文名字）和經營團隊，分享了我的心路歷程和信仰，這封信的內容如下：

KY and team：

我們陷入 antitrust 的困境，說實在的，完全出乎我們的意料之外，也許我們不自量力，也許有一股傻勁，輕看司法強權的國家。還有法官對這項法律內涵的解釋竟然有那麼大的空間。總之，外面看我們似乎是台美兩地都失據了，加上業務的復甦又慢了許多，兩大壓力相撞，幾乎讓我們喘不過氣來。然而，我左思右想，我還是把我的心路歷程跟你們分享一下。一起面對困境。

先從台灣總部看，正面負面評價都有，目前偏向負面，認為我們進退維谷，殊不知，我們這麼做的結果，兩位無罪，一位無效判決（Mistrial），其他認罪協商的公司反而是冤獄，大家都是健忘的，忘記那些坐過牢的人，只因事不關己。我和熊暉被判了罪，連保釋都被否決。你們目前最大的壓力是業務的復甦太慢，資金太緊，聯貸困難，組織調整，優退和末位管理的挑戰等等，加上太陽能電池也在失血中，更有內部員工的信心問題，不要讓重要人才流失。是煩上加煩，不過，總是要面對的。

在美國這邊，我和熊暉則要面對牢獄之災的不確定性，保釋申請被拒絕，上訴結果如何也是未知數，個人切身的心理煎熬不說，又在異鄉，如何自處？如何過日子？尤其是九月二十日宣判之後。

我呢？從三月十三日以來，是我這輩子最大的挫折，我自認是堅強的人，做事問心無愧，不應該有這樣的結果，痛苦了三個星期，心頭充斥著不滿，忿怒中睡眠也不好，過去一年半來，我背心經，讀金剛經，藥師經，觀世音普薩普門品，連上健身房也讀這些經文，但是讀些解經書，例如南懷瑾的金剛經說什麼？聖嚴法師的心經註解，讀了兩遍三遍，還是不懂，三月十三日半夜抱著觀世音菩薩的像痛哭，心還是空空的，沒有依靠。

轉捩點來了！四月八日為復活節，我家老二從紐約趕來安慰我，太太金枝在台灣由一位朋友陪同，去台北的濟南長老教會謝謝牧師的代禱，我剛剛才滿兩個月的孫女則在她的父母親見證下，受洗為天主教徒。我家老二是虔誠的基督徒，我則陪伴她去聖荷西的迦南教會，這是我這輩子正式進入教會做禮拜，禮拜時的敬拜讚美詩歌感動了我，身體發抖眼淚掉下來了。經文意思為：你要把你的重擔卸給耶和華，他必撫養你，他永不叫義人動搖。凡勞苦擔重擔的人，可以到我這裡來，我就使你得安息，我心裡柔和謙卑，你們當負我的軛，向我學習。這樣，你們的心靈就必得安息。因為我的軛是容易的，我的擔子是輕省的。我把友達的擔子背得很重而不自覺，馬上卸下之後，頓時肩頭輕鬆許多了，當晚竟然一覺到天亮。從此以後，我的睡眠品質異常的好。

但是，更重大的改變是，把擔子卸下，並不代表不管，我的思考變得更靈活，更輕鬆更有效率和創意。這個的關鍵是：心變得平安穩定多了。

其實在這之前，就已經有佛教徒和基督徒給我 mail 鼓勵，我都照單全收，並未深思，直到我受到如此重大的打擊和被點醒之後，才幡然領悟。復活節之後，我開始對《聖經》求知若渴，密集閱讀，加上牧師和長老們的 weekly talk，週日上午敬拜讚美，牧師講道等等，感動連連，不定的心愈來愈平安了。團契活動也感動了我，大家像一個家庭裡的人，查經讀經，分享煩惱，互相代禱感恩，無形中，彼此都得到安慰和安歇之後，又以平靜和平安的心面對挑戰。坦白說，我在認真閱讀《聖經》、《荒漠甘泉》後，每一個週日上教堂之後，感動和驚奇連連，我不多加細述。這個教堂一年只有三次受洗時間。八月十二日是我的受洗日，正好是友達的週年慶。我做見證時說，只有神知道為什麼選這一天？四月八日我第一次來到這個教會，卻遇到蔡娟娟，她在這個教會已經三十年了，她回來看女兒和孫子。更巧妙的是因為見證時濃重的客家國語，竟然被我的小學老師孫子認出是同鄉！受洗後的感動和驚奇更多，包括我太太。

我最大的轉變，應該說有幾個方面：

一、有平安的心，很清楚事在人為之餘，基督徒會把最終結果交託給神。我從未將信仰當作是避風港，反而將信仰和禱告成為我的謙卑和力量的來源。

二、堅硬的心變得更柔軟。我的真實體會是我原本自以為堅強的意志和以自我為中心的主觀意識被打敗了。取而代之的是平安的心、柔軟的心和敬虔的心，我的意志力更強，更持久了。

三、反過來說，我倒是要感謝這次的試煉，若是沒有經歷這樣的困境，我不可能認識神和主耶穌基督。我們一直說我們選擇一條難走的路，它是出乎我們意料之外的難。但是，我們經過全程的審判過程之後，更該覺得認罪協商很冤枉，坐的牢都是冤獄，不是嗎？這是一條不知道結果的路，只有神知道！

四、什麼是謙卑？事與願違時，會有耐心虛心面對；順利得意之時懂得感恩，和老子說：「禍兮福所倚，福兮禍所伏」，意涵相近。

五、此時此刻，當我決定將董事和副董事長職務卸下之後，脫去世俗的名和利的外衣，完全回歸本然的hb，回歸自性，其他都不重要了，不是嗎？感謝你們一路相挺，我們繼續同心，面對未知的未來！

為大家禱告！平安！

hb，10/9

從陪審團的裁定到法官的判決，歷時半年餘，雖然活在等待判決的不安情緒裡面，加上母親逝世的傷痛，是我一生中最難熬的日子，還好這段期間我因為受到聖靈的感動，認識了主耶穌，得到了安慰，以及受洗歸主重生的恩典和接二連三的見證。

九月二十日這一天早上，我非常平靜地接受了法官的判決，服刑三十六個月，罰款二十萬美金，擇期入監。聽完法官裁決，我將帶著不自責的心入獄服刑，一個在台灣土生土長，未曾留美的台灣人，在台灣上班做生意，竟然落到遠赴美國服刑，是神的命定嗎？

但是我已經想好了，要如何積極地在獄中生活，並且買了些書，列出書單，準備請同事寄到獄中，享受讀書的樂趣吧！不自責、不後悔、接受之。三年，不長也不短，坦然無懼地向前行吧！我不斷地透過禱告，祈求主耶穌，為我加油！

第三章

保釋的恩典：神收回去了！神啊，你在哪裡？

就在二〇一二年八月十二日受洗的那一天開始，我對信仰的確是抱著很大的盼望，除了得著心靈上的安慰和堅定，我當然盼望神會在我們未來上訴到巡迴法庭時，幫助保守我們有機會成功達陣。因此，每天都向主耶穌基督禱告祈求上訴成功！然而真正的結果卻事與願違，這才是信仰之路的開始！

於是乎，熊暉和我不等最高法院的裁決，分別於二〇一五年的四月和五月主動回到同樣的監獄服刑，乖乖地、平安地將剩餘的刑期服滿吧！才能有新的規劃，啟動新的下半場人生！問題又回到原點：這是神的命定嗎？還是神的管教持續進行著？後來我才明白：

神安慰我，醫治我的心靈，
是為了要得著我，讓我依靠祂，
神允許讓我留在困境中，是為了造就我，
使我對祂所要賜的新生命，有更深刻的體會。
讓我不會只是在順境中，才能經歷祂的愛。

入獄和信心的操練

就在二〇一二年八月十二日受洗的那一天開始，我對信仰的確是抱著很大的盼望，除了得著心靈上的安慰和堅定，我當然盼望神會在我們未來上訴到巡迴法庭時，幫助保守我們有機會成功達陣。因此我每天都向主耶穌基督禱告祈求上訴成功，然而真正的結果卻事與願違，這才是信仰之路的開始。

第一次入獄服刑和生活點滴

在二〇一二年九月二十日法官宣判之後，我於二〇一三年二月十二日入獄服刑，當天一早，金枝、古秀華、連曉聞、熊太太、律師等人陪著我和熊暉來到了聯邦監獄塔夫特（Taft）自行報到服刑。這是一個半沙漠地帶的聯邦監獄，距離舊金山東南方四百五十六公里、洛杉磯西北方一百九十二公里，離最近的農業城 Bakersfield（貝克斯菲爾德）四十五分鐘車程。進了監獄、註冊登記、換上囚服，等待了至少有五小時後，才被帶領進入監獄，這是訓練耐心的第一門功課。除了第一個晚上失眠，很快地不到一個星期我適應了新的環境。監獄環境寬敞乾淨，二人或三人住在一個開放空間式的隔間，每一個人有專屬的置物櫃；乾淨的浴室、洗手間，供應微波爐、自動洗衣機、乾衣機和冰塊。四個電視間，包括西班牙文和英文頻道，還有讀書間、工藝間等等，提供不同族群的需求，這是一個聯合國監獄，以中南美洲國家的西班牙語系和其他地區的囚犯為主，包括亞洲人、歐洲人、非洲人，能夠來到這裡的囚犯，必須是沒有暴力行為傾向的人，因此監獄的管理相對友善許多。

這個監獄佔地面積頗大，監禁約一千五百位囚犯，有個大餐廳、多功能教堂、心理輔導室、圖書館、教室、醫務室、室內健身房、修理輪椅的工作機房（將修復的輪椅免費送給慈善機構）。戶外活動空間包括約五百公尺的運動場，內有兩個足球場，一個壘球場，還有排球場、籃球場、網球場、手球場等等。餐廳提供的食物簡單、少油、適量，以墨西哥菜為主，會公佈未來五個星期固定的菜單。十二個單位監獄的用餐次序，是以上個星期清潔比賽的名次排序為準，簡單而公平；第一名的那個單位除了最優先用餐，每位囚犯還有一罐可樂作為獎勵，因此大家都非常在意，每個星期都將自己住的環境，清潔得幾乎一塵不染。

這個監獄提供福利社，每個人每個星期有一次採購機會，每一個月的消費上限為美金三百二十元，提供的商品除了日用品和水果之外，多為微波食品。坦白說，餐廳提供的食物，對青壯年的人來說並不足夠，必須自行準備食物果腹。挑嘴的受刑人有時候寧願自行開伙，三三兩兩在單位裡吃飯，看電視聊天，為單調的生活增添了些許的樂趣；當然啦，冰涼的可樂銷量最大，最受歡迎！

記得第一天報到的時候，馬上就有一位熱心的香港同胞借我一件厚外套、碗筷、泡麵、水杯和運動鞋，讓我先應付幾天，待採購日的時候，我再添購些日用品，在這個聯合國監獄，同一個國家或同一個民族的人，都會熱情地互相幫忙照顧。第二次入獄時，來了兩位台灣年輕人，我也這麼做，幫助他們。有趣的是，第一次入獄時，華人打麻將，有些時候三缺一開不成。二〇一五年第二次入獄，可以開兩桌麻將。二〇一六年農曆年除夕夜，我們華人獲准聚餐，算一算，竟然超過三十人，可見一斑。

非常規律的生活

入獄之前，我已經做好心裡準備，規劃如何平安地度過三十六個月的歲月。入獄初期靈修時讀到這一段話，深深地鼓勵我：「我們若要從被擄（被囚）中獲益，就必須接受所處的環境，使它發揮最大的價值。為以往或失去的環境煩惱，不會使事情好轉，只會攔阻我們改善現有的情況。我們若竭力掙扎，身上的束縛就會愈掙愈緊了！」因此，如何讓生活非常有紀律，是我的最高指導原則。除了每日固定讀《荒漠甘泉》、《聖經》、禱告，寫靈修日記，每個星期會收到台灣寄來的《商業周刊》和《今周刊》之外，再閱讀大量有趣的書，生活相當充實。不僅如此，每日定時定量的運動更是必修課之一，平均每日走路的距離達七公里，維持身、心、靈的健康，是我最重要的目標之一，我做到了！監獄裡的讀書室、圖書館、戶外運動場和室內健身房是我每天活動的場域。健身房的跑步機一次只能使用三十分鐘，我以快走和跑步的速度，在三十分鐘之內完成四公里的距離，非常有效。進了監獄約一個多月的時候，我給自己訂出一個未來的生活方式（Life style）：簡樸且豐盛的生活（Simple but rich life style）。

我曾經在自己的日記本裡，記下這段對神的感恩：「做完運動的功課之後，下午在沖熱水澡時，想到在監獄的生活時時刻刻都在享受神的供應：有相當舒服的生活空間、二十四小時的熱水，冷氣空調、冰塊的供應。有圖書館、教堂、室內健身房、讀書間、電視間、撞球臺、桌球臺、醫務室、戶外活動場等等，我每一天都享受著神的供應！感謝神！」

還有一個小插曲。我一直想要學太極拳，於是請同事寄來一本《鄭子太極拳》的參考書；有一天我在戶外廣場看圖練習，一直學到白鶴亮翅的一式，獄官過來詢問我是否打太極拳？確認之後，我被禁止了。我心裡不舒服，於是去找了輔導官，輔導官的解釋很清楚：太極拳被視為一種攻擊性的行為，不允許在獄中學習。

親友獄中探訪

我必須感謝這個監獄的管理，非常友善、人性化。探監方面，一個星期開放五天，早上八點到下午三點，讓受刑人的父母親、配偶、孩子和朋友們來監獄探監。會客空間寬敞，允許彼此面對面交談，販賣機販售冷熱飲料、零食和餐點。還提供孩子一些西洋棋，簡單遊戲卡和玩具積木，想想看，有許多的受刑人還有五年以上的時間才能出獄，如果沒有這樣的安排，情何以堪？有些來自中南美洲或其他國家的人，根本沒有親人來探監，日子相當難熬。我覺得我是最幸福、最享受神恩賜的人！

感謝主，有許許多多關心我的人，不遠千里來看我，包括太太、女兒、女婿、孫女孫子，還有教會的牧師、師母、弟兄姊妹們，同班同學以及公司的同事們，利用出差美國的機會來探望我。迦南教會的主任牧師蘇惠智牧師和師母、華語部的張典喬牧師、師母、長老陳英傑夫婦、蔡詩科（Scott）夫婦、楊博仁弟兄、前長庚醫院方禎鋒醫師和施麗媛醫師，還有元太科技的技術長蔡娟娟姊妹、董事長柯富仁等等。駐洛杉磯台北經濟文化辦事處的官員與陳銘師秘書，同事們則包括友達的董事長彭双浪和總經理蔡國新、副總經理向富棋和楊本豫、古秀華、隆達電子董事長蘇峰正，再加上其他許多的主管們，以及台灣康寧玻璃總經理曾崇凱和副總經理陳嘉禧等友人。

我統計一下探訪的人數，第一次入獄時，高達九十位，第二次的時候也接近七十位。金枝經常從台灣飛來，孩子們從東岸飛過來，即使從加州聖荷西開車過來，也需要約四個半小時，非常辛苦。監獄的輔導官甚至開玩笑說她的檔案爆滿了，不再准許我有新的訪客申請。訪客流量以計點管理，友達美國辦公室的管理部連經理為我的聯繫窗口，負責妥善安排來訪的時間和次數，以免點數不敷使用，連經理是我每個星期用電話聯繫的窗口，她也經常來探訪我。頻繁的探訪，讓我覺得日子過得比較快，對外面發生的大小事情都有相當的了解；產業大事，例如鴻海併購夏普，美國和台灣的總統大選，我都很清楚過程和結果。

我要特別感謝的是大學同學鄒國虎夫婦和陳介川夫婦，他們分別住在 Cupertino 和 Sunnyvale（桑尼維爾），二〇一〇年他們從媒體報導，知道我被滯留在美國，就主動和我連絡。在聖荷西期間，我們經常聚會吃飯，週末假日則去郊外爬山健行。在我兩次入獄期間，每個月他們都非常有耐心地開著好幾個小時的車程來監獄探訪，每一次總是三、四個小時，話題不斷，包括政治、社會、科技發展、人生觀等等。我們也約好將來出獄之後的旅遊路線計劃，最近已經決定二〇一八年的十月有一趟十二天的東南歐風情旅遊。三十年前在宏碁共事的老同事林銘瑤學長夫婦，每次到洛杉磯探訪家人時，就和太太開車六、七小時來 Milpitas 看我，入獄時夫婦倆也數次來探望我；沒有訪客時連經理就和友達外派的年輕同事來看我。

監獄管理的另一個友善措施就是電話的使用，每個人每個月有三百分鐘的電話時間，只能打出去，但是已經非常好了。讀者們想像一下，在監獄裡面，每天過著單調的日子，如果沒有訪客，不能夠跟家人朋友說說話，肯定度日如年的，不是嗎？

除了電話，獄方也提供一個有限的網路服務，一台終端機，販售mini Pad，可以收發電子郵件和下載音樂，這些都是必須付費的服務，但是只提供英文和西班牙文版就是了。

「神所給的試煉，必是你能承擔的」，神將我放在荒漠的曠野，又使我衣食無缺，還派了許多天使來關心我，鼓勵我。Scott長老與英傑長老在二〇一二年我進迦南教會前，是完全陌生的人，他們視我如手足般關心我。

在思科（Cisco）上班又兼讀神學院的 Scott，經常帶太太和女兒來 TAFT 探視我，他們在工作和事奉的忙碌中還那麼顧念我，讓我真正感受到基督耶穌愛的長闊高深。

小中風驚魂記：神賜的考驗與恩典之旅

正當我適應了監獄裡的禱告、讀書、運動和親友拜訪這種規律的生活，神又給了一個功課，讓我在獄中遭遇生死交關的意外。

在獄中服刑的時候，我的血壓有點高，經醫生診治，每日服用低劑量的降血壓藥丸，配合規律的作息和運動，血壓都維持正常水準。有一次監獄的醫生為了調整我的舒張壓更低些，換了一顆藥丸。服用了約兩個月，會經常劇烈地咳嗽，尤其是晚上，嚴重時會影響睡眠品質，後來血液檢驗發現我的鉀離子偏低，因此給我補充鉀劑，但是沒有明顯改善。

醫生在那裡？

二〇一三年九月十日星期二，凌晨約二點到三點之間，我持續咳嗽著，擔心影響室友的睡眠，儘量摀著嘴巴，不讓咳嗽的氣往外衝得太大聲。起床去洗手間上廁所，沒想到竟然站立不住，右腳不聽使喚，失去平衡。只好右手扶著牆面往洗手間走去，心想，不知怎麼回事，先睡個覺，等天亮起床再說吧。早上五點三十分，獄友提醒要一起去運動場走路運動。但是，不平衡現象絲毫未見好轉。刷牙的時候，竟然發現右手拿的牙刷無法自主地送到嘴巴，反而將牙刷送到下巴去了？唯有慢慢地移動右手才能順利地送到嘴巴刷牙。這個時候我幾乎確定是中風現象，但是心裡一直不承認，因為我並未頭暈或不舒服，怎麼可能是中風呢？

勉強吃了早餐，獄友看到我的不適，不敢確定什麼問題，只好等到九點開放受刑人移動的時間，獄友水牛（大家稱他Buffalo）扶著我去找醫生檢查。在獄中，只有一位醫師，因此，大大小小的病例全部都必須經過護士逐一檢視解決，很少比例的病人才會送到醫師那裡。於是，一位男護士接手我的掛號和診斷，血壓155／108偏高，心跳約100。血壓升高了，但是我為什麼不會頭暈不舒服呢？五分鐘之後再量兩次，分別為145／100，145／98。於是這位護士再做了兩手兩腳的力量測試，都很正常的。接著將我交給另一位好像比較資深的護士，重複檢查，再加上眼睛，心臟聽診的檢驗，一切都正常。我的右眼也出現複影現象，後經外面來的眼科醫生證實是複影，但是其他的功能都正常。我猜想這些護士知道我是中風現象，但是不願明說。當我被安置在休息區躺下休息時，身體不適嘔吐，感覺渾身虛弱，護士給我一個助行器，方便我穩定走路。獄方於是決定將我的床位移到監獄一樓的下舖床位，不須要上下樓梯。直到傍晚，我的狀況沒有惡化，也沒有改善。但是，我太大意了，我竟然沒有打電話給家人！

耐心等待的人，有福了

九月十一日星期三。早上七點鐘，我由獄友水牛陪同去醫務室排隊拿藥吃，量血壓等例行的檢查。我要求找醫生做進一步檢查，未被接受，我愈來愈不安了。晚餐之後，我打電話告知小女兒敏華，請她通知家人和律師。接著我自己也發現嘴巴右邊部分的肌肉感覺異常，摸起來麻麻的，左邊的卻不會。這證明了中風現象，但是為什麼護士們絕口不說中風（Stroke）這個字呢？

九月十二日星期四。今天是我來到這個監獄滿七個月的日子。早上跟金枝通過電話，她說大女兒認為這是中風現象，必須馬上住院治療。金枝是機智積極的人，她馬上打電話給駐洛杉磯台北經濟文化辦事處章組長，請他們和獄方主管聯絡，要求送我到醫院檢查治療，金枝也馬上飛來加州，而且依照規定，囚犯在獄中的狀況，除非有生命的危險，家屬和律師是不會被告知的。

早上九點，廣播通知我馬上去醫務室報到，我想這次應該是由醫師親自問診吧！先由護士做了例行的檢查之後，我排序第三位等待醫師，但是當時適逢十一點左右，醫師先去午餐了。神說：「耐心等待的人有福了。」我就等待吧！

醫師問診全程超過一個小時，他填寫問卷資料的時間遠比問診的時間長許多，我忍不住抱怨說：我的女兒是醫生，她認為應該馬上送到外面的醫院檢查和治療，醫師不置可否，並宣稱他自己會決定該不該送醫院。約在下午一點十五分左右，終於指示護士準備將我送醫院治療。但是我不能回到單位拿些衣物和盥洗用品，更不讓我打電話通報家人或律師。下午二點四十分左右，我換上橘色衣服，戴上手銬和腳鐐，坐上輪椅，進入囚車開往醫院去了。

這一天，九月十二日，在監獄住滿七個月的日子，神給了我這樣的狀況，我的神，你在哪裡？這是試煉還是祝福呢？其實，真正的試煉才要開始！回憶起來，我當時非常不安與不爽，充滿著無助和無能為力的窘境。我為什麼要接受這樣的待遇？曾經貴為執行長、董事長的陳炫彬，現在竟然淪落到這種地步？情何以堪？主耶穌基督說：「不要為明天憂慮，因為明天自有明天的憂慮；一天的難處一天當就夠了。」」，我的明天在醫院裡，希望被合理友善地對待，是我最低的期望。

下午三點四十五分，抵達Bakersfield醫院的急診室，隨即換上醫院的衣服。我的行動不便，但是躺在病床上，仍舊必須將左腳和右手同時銬在病床上，避免我裝病趁機逃脫（許多電影情節就是如此，不是嗎？）。Again，做完例行的基本檢查和照X光還有醫生問診之後，又是等待，直到晚上七點鐘以後，把我送到一個房間做 CT scan（電腦斷層掃描），一直到晚上九點左右，我才進入418－1號病房休息。到目前為止，我未吃午餐、晚餐，只喝了些白開水，只能在床上小解到尿壺裡，上大號才能上洗手間。守候我的獄官從來不會問我要不要吃什麼、喝什麼？他們唯一的責任是保護我不會趁機脫逃。兩位獄官同時看管著我，八個小時輪值。即使晚上十點之後，我的就寢時間，獄官依舊看電視大聲說話聊天，每一個晚上都如此，我根本無法入睡。

神差派的天使

九月十三日，星期五，飢腸轆轆的我，要求吃早餐，好心的護士Jessica很貼心，想要幫我張羅食物，但是她查到我今天上午要做MRI（核磁共振），不可進食。到目前為止，我破了記錄，超過二十四小時未進食，僅喝些礦泉水，身體虛弱、頭痛、咳嗽也跟著來了。做完二十五分鐘的MRI檢查回到病房，已是中午。中午吃了醫院標準午餐，Jessica另外準備了開水和幾片好吃的餅乾，她是神差派的第一位天使，我問她的名字，她即將調任其他部門，以後的五天都由別的護士照顧我。

約十二點三十分左右，一位不會中文的中國大陸籍醫生Dr. Young巡視病房，簡單對我做些測試，告知CT scan結果是正常的，尚未看到MRI report，他認為是輕微中風，問題不大。但測到我的心跳有些異常，要求增加EEG（睡眠測試）二十分鐘和頸部、心臟的超音波檢查，檢查結果都是negative反應，很正常！

這家醫院的名字叫Mercy Hospital，我的病床正對面的牆上掛著一個十字架，我問了Jessica，原來這是一家天主教醫院，仍有修女和神父，但是已經不會強調是教會醫院，可以廣納更多的病人。這是第二個晚上，我休息時眼睛盯著牆上的十字架，想像主耶穌被釘在十字架上時極端痛苦的樣子，主耶穌都把這苦杯喝下去了，救贖了全人類。之後的幾天，當我痛苦難受和委屈時，就盯著十字架，心理就不會那麼難過了。轉念一想，我又經歷一次在美國做全身健檢的機會，也是神的恩典和祝福吧！

我已經好幾天沒有洗澡了，獄官同意後，護士為我準備了盥洗用品。但是按照規定，手或腳必須加上鎖鏈，以防脫逃！這次的醫療之旅，一條內褲穿了六天未換，只洗了三次澡！還是必須感謝主耶穌，讓我平安健康。

九月十四日，星期六。實在不知道今天要做什麼檢查，直到下午才做了頸部超音波檢查。Dr. Young來了一趟，他說CT和MRI都正常，建議做脊椎液的檢查，我不了解是否有風險，決定不做，醫生也尊重。

醫院派了一位物理治療師檢查我的動作是否正常，並且在醫院走廊慢走一段距離，確定腳步和姿勢有沒有更穩定進步，持續四天，每天都進步當中。

九月十五日，星期日。兩位醫生先後來巡視，因為檢查結果一切正常，主治醫師暗示很快可以出院了！這裡的醫療作業還算不錯，醫生和護理人員也都友善，唯獨監管我的獄官們很不友善，看電視大聲講話，我真的很不舒服。

我來到醫院已經四天了，完全無法跟家人和律師聯繫，我每天要求，獄官說除非典獄長特准才有機會。前提是留在醫院三個星期以上才能通知家屬。在孤立無援無助的時候，我只能默默地向神禱告，主耶穌是唯一的倚靠和交通的對象，這個時候體會最深，相信神的恩典！祈求神轉告家人，我很平安的！星期日的晚上九點，主治醫師 Dr.Ahmad 來巡視，說我一切正常，找不到真正的病因，准許我可以出院了！我天真地以為星期一就可以出院，但是，事與願違。

平安度過六天的試煉

九月十六日，星期一。已經晚上九點五十分了，還是不見主治醫師的蹤影，怎麼辦呢？我只好坐在床上向主禱告祈求他的出現。結果呢？約在晚上十點十五分，Dr. Ahmad終於出現了，說明因為找不到真正的病因，我的復原狀況很快，同意明天就讓我出院了！這又是神同在的見證！不是嗎？

星期一，我將電視搶回使用權，看電視新聞。頭條並震驚美國的新聞是早上八點三十分華盛頓DC的Navy Yard驚傳槍擊案，十二位男士被一名三十四歲的男性用槍擊殺身亡。該名男子名叫Aaron Alexi，美國發生了什麼事？槍枝泛濫，老百姓活在不安中，總統無法採取立即的行動管制槍枝！

九月十七日，星期二。耐性地等待天亮，根據經驗，不敢期待醫院護士會很快安排出院手續。完成了一些必要的文件手續，服藥、血壓量測之後，用了午餐，換成監獄的囚衣，銬上手銬和腳鐐，一樣都不能少，終於在下午三點回到「環境比醫院好」的監獄。感慨萬千，但是非常感謝神的恩典，我平安地度過六天的試煉！

回到監獄之後，我靜下心來，靠著在醫院偷偷地用鉛筆寫在點餐紙上的重要資訊，詳細地寫在日記本裡，至少證明了我的腦袋沒有受傷（我相信這個試煉，一定是神給我的管教和祝福的。感謝敬拜讚美神和主耶穌基督！），也趕緊打電話給金枝，和同事連經理，這時金枝已經在 Milpitas 的旅館等待我的消息，準備隨時來探視。所以我出院後第二天，金枝由方禎鋒醫師和施麗媛醫師夫婦陪同來看我（他們原是長庚優秀的重症科醫師和骨科醫師，退休來加州陪兒女，是迦南教會的弟兄姊妹）。當我從牢房走入會客大廳，方醫師和施醫師就用醫師的眼神注視我的步伐，他們發現我走路還是有一點跛。當我坐在他們面前，他們還檢查我的手等等……主啊！主！你讓我中風受盡屈辱，又派天使弟兄姊妹來溫暖我關心我。我最終也完全的康復。我不知道祢的用意，但我知道祢與我同在。

在禱告中上訴：神應許了！

雖然我已經入獄服刑，律師們上訴到第九巡迴法庭的作業仍加速進行，藉著與律師信件往來和電話的溝通，律師也親自來監獄探訪討論上訴內容與策略。上訴法庭在二〇一三年十月十八日星期五，在舊金山的巡迴法庭開庭辯論，我的律師和熊暉的律師分別代表我們，向三位法官陳述意見，第二天，友達的法務長劉名翰來訪，詳細說明了前一天的狀況，並告訴我，從法官的反應看來，是正面的，有機會在上訴中反敗為勝；緊接著十月二十一日星期一早上，我的律師麥可（Mike）親自帶來樂觀的消息。最終的判決必須由三位法官投票決定。但是等待三位法官寫狀子裁定，可能需要好幾個月的時間，於是律師們決定先提出申請保釋在外的提案，如果法官們同意我們的保釋提案，就表示未來上訴成功的可能性更高了，這是合理的推測；我和熊暉就要耐心地在獄中等候這個好消息。在這段等待時間，我每天早禱、晚禱和走路運動時，都向主耶穌禱告。甚至經常打電話問連經理是否接到保釋的命令？在當時，我的禱告是迫切的，盼望是急切的。主耶穌似乎也在磨練我的耐性吧！那段時間幾乎每天打電話問連經理有沒有好消息。直到十一月二十日看了《荒漠甘泉》得到啟示：「等候」這件事看似容易，可是基督徒士兵要體會這件事，需要多年的教導。對於神的勇士來說，「行軍」和「急行軍」比「立正」要容易得多。

就在十二月五日同事連經理來探訪我的途中，接到律師的電話，表示法官已經同意我們的保釋申請！感謝主，我的禱告終於得到應許了！禱告時，大大地敬拜讚美神和主耶穌基督！將一切的榮耀都歸給神！心中的大石頭和牽掛終於放下了。在這個當下，《聖經》《希伯來書》的一段經句見證了我的禱告，這是一個信心的禱告：「信心是對所盼望的事有把握，對不能看見的事能肯定。」古人能夠贏得上帝的讚許，就是由於他們相信上帝。問題是：什麼時候才可以出去呢？

同一時間，金枝和女兒如慧正在討論什麼時候親自趕到監獄接我出來。金枝最後決定十二月十日起飛，十二月十一日或十二日來接我出獄。然而，太慢了！十二月九日下午二點左右，獄官來到了我的單位找到我，要求我馬上收拾行李準備出獄。我僅帶了《聖經》、書本、日記本和信件，其他的東西一概不留！獄官給我和熊暉每人美金五十元當作車馬費，外加一張灰狗巴士到聖荷西的票，然後用囚車將我們送到 Bakersfield 的巴士站。告別了十個月減二天的 Taft 的日子！重返自由了！我和熊暉在巴士站等候熊太太來接我們。金枝仍在台灣，美國分公司的連經理和兩位同事仍在路上。我們先去一家日式料理店晚餐，我們都一口氣喝了兩碗的味噌熱湯，美味極了！久違了！當晚九點，友達的同事到了之後，我們先去附近的旅館換下所有衣服，就像穿上新衣服般地喜悅清爽。熊暉夫婦往洛杉磯方向，我和三位同事則回聖荷西宿舍，十二月十日凌晨一點十分抵達宿舍，吃了連經理先生準備的豬腳麵線，晚禱就寢，感謝神！

十二月十日是忙碌和感恩的一天：上午由同事陪同去買了些日用品、

水果和食物，去友達辦公室與同事們見面彼此問安。中午吃了一碗熱騰騰的拉麵，下午五點，我和台灣友達總部的主管們電話會談，包括李董事長等多位主管，大家興奮異常，替我和熊暉高興。緊接著，我必須趕赴舊金山機場接太太金枝。神的作為總是不在我們的計劃裡：現在反而是我親自到機場迎接金枝了，感謝主！二〇一三年十二月九日，是我驚喜離開 TAFT 監獄的日子，也是金枝受洗的週年紀念日。這是神送給金枝的生日禮物嗎？

新的應許和盼望

就在我們保釋期間，摩托羅拉公司因為其手機面板也使用了這些面板公司的顯示器，該公司在芝加哥的聯邦法院提出民事訴訟，要求鉅額賠償金。然而芝加哥聯邦法庭於二〇一四年一月二十三日撤銷該訴訟，法官認為面板公司的顯示器交易是賣給系統整合公司的（品牌公司的代工廠商例如台灣廣達、仁寶等），是一種間接的交易行為，並不構成訂價協商的要件。同樣的，芝加哥的上訴法庭於同年的三月二十七日撤銷了摩托羅拉公司的上訴。

有了這個判例，讓我們和律師們大受鼓舞，迅速地將這個判例轉呈給舊金山的第九巡迴法庭的三位法官參考，我們獲准法庭重新判決無罪的信心大大地提高。

保釋的恩典：神收回去了！神啊，你在哪裡？

既然獲得了法官保釋，在等待上訴法官裁定的時間裡，我也積極申請回台灣，看看老父親與家人、同事和好朋友們。後來我在灣區兩個月，可以申請去女兒家暫住一陣子。雖然保釋出獄，我依舊保持很有規律的生活：禱告、靈修、讀書、運動、教會主日崇拜、團契活動等等，等待第九巡迴法庭三位法官的判決，一直是我心底最記掛、揮之不去的事。

二〇一四年七月十一日，我人在台灣台北，金枝在新竹，早上八點左右接到法務長的電話告知法官駁回我們的上訴，這個消息有如晴天霹靂般襲向腦際，頓時不知所措，腦袋一片空白。當天是金枝籌劃半年的欣悅甜法式點心店開幕，也是員工的第一天上班日，一早金枝就出門到店裡張羅。我感到滿心絕望痛苦，不忍一早破壞她的興緻。強忍著絕望的心情陪同金枝和員工用完午餐，才將此壞消息告訴金枝。金枝聽了無言以對，沒有心情去寄欣悅甜的開幕邀請卡，馬上兩人開車回家。當日《荒漠甘泉》的經句，是引用舊約《聖經》裡先知以利亞的故事，神考驗以利亞的信心，溪水乾了，又不下雨的日子達三年之久，但是旱災的第三年，神對以利亞說：「祂要降雨了！」今天這個壞消息，是否又考驗我對神的信心呢？當天下午友達的幾位老同事特別來到我北埔的家，給我和金枝送暖安慰和鼓勵。

七月十三日下午，住在高雄的博仁弟兄和玫吟姐妹夫妻來到北埔家中，迫切地為我們有平安的心禱告。博仁舉了《創世記》約瑟的話，大有能力的神必定有祂奇妙的安排。約瑟是雅各的孩子之一，年輕的時候約瑟被他的兄弟們陷害、被販賣，在埃及的時候竟被陷害入獄，但是神的恩典，最後讓他成為埃及的宰相，位高僅次於法老王。他對前來求助的哥哥們說：「不要害怕，我豈能代替神呢？從前你們的意思是要害我，但神的意思原是好的，為要保全許多人的性命，成就今日的光景。」那麼，神的意思是什麼呢？是為我好嗎？我不知道？但是我必須準時回美國，將護照交回給舊金山的聯邦法院。是否，我對神的信心又大大地動搖了？

由於兩個巡迴法庭的判決持不同的法律觀點，我們的律師討論後，決定將此案提交華盛頓的最高法院聲請判決。這又是另外一個盼望！但是律師的意見認為被受理的機會很小，於是乎，熊暉和我不等最高法院的裁決，分別於二〇一五年的四月和五月主動回到同樣的監獄服刑，乖乖地、平安地將剩餘的刑期服滿吧！才能有新的規劃，啟動新的下半場人生！問題又回到原點：這是神的命定嗎？還是神的管教持續進行著？後來我才明白：

神安慰我，醫治我的心靈，
是為了要得著我，讓我依靠祂，
神允許讓我留在困境中，
是為了造就我，使我對祂所要賜的新生命，有更深刻的體會。
讓我不會只是在順境中，才能經歷祂的愛。

讀經、靈修、禱告、主日敬拜、閱讀的生活

在監獄裡面，時間幾乎由我自己安排決定，為了有效控制使用，我訂了作息時間表和功課表，嚴格執行。例如，每天讀《聖經》舊約、新約各

兩章，甚至閱讀英文版。為了改善英文閱讀能力，讀了《USA Today》、《Wall Street Journal》和幾本英文書，但是必須不斷地翻字典才能了解。除了自訂的書，教會牧師和長老推薦的書，同事朋友寄來的書，我估計在獄中至少閱讀超過一百本書以上，部分經典書籍也做了筆記。甚至在第二次入獄之後，我還自詡是在TAFT單身宿舍念神學研究所呢！在這裡，我真的很享受讀書思考，禱告時不斷地與神對話，那股平靜安穩的心思意念。上班時忙碌的生活，不能夠自主安排時間的苦惱全不見了！在這裡，或許沒那麼舒服也在受限制的環境中，我才真正了解神的話中之話，並且享受在主裡的平安！回憶在工作崗位上的挑戰，《聖經》裡神的話語不斷地迴盪著。我也不斷地反省自己過去的生活和工作生涯中所犯的錯誤。神的話，神的真理是永遠不變的！也是支撐我走過這一段患難中享受主恩的日子！

在監獄裡面，藉著每天清晨的禱告靈修操練揭開了序幕。我的禱告內容前半段是固定的，後半段則是因應當時的需要。這樣的習慣和紀律一直持續至今。

首先，我從主耶穌教導的〈主禱文〉開始禱告：「我們在天上的父，願人都尊你的名為聖，願你的國降臨，願你的旨意行在地上，如同行在天上。我們日用的飲食，今日賜給我們。免我們的債，如同我們免了別人的債。不叫我們遇見試探，救我們脫離兇惡。因為國度、權柄、榮耀全是你的，直到永遠。阿們！」其次是《使徒信經》：「我信上帝，全能的父，創造天地的主。我信我主耶穌基督，上帝的獨生子，因著聖靈成孕，由童女馬利亞所生。在本丟彼拉多手下遇害，受死，葬在陰間，第三天後從死人中復活升天，坐在父上帝的右邊。日後必從那裡降世，審判活人死人。我信聖靈，我信聖而公之教會，我信聖徒相通，我信罪得赦免，我信身體復活，我信永生。阿們！」

我們每一天、每一餐的飲食，都是神的供應。一開始，我的直覺是很難接受的，但是仔細且謙卑地思考一下，我們能夠有今天，完全是自己努力的成果而理所當然嗎？難道沒有別人的努力和幫忙嗎？在我們日常的生活和工作環境中，我們總是很容易犯了錯誤，甚至辜負了別人的好意和恩惠，天父都答應原諒或赦免我們的過錯，難道我們不能夠也像父神一樣，原諒辜負我們的人嗎？聖父、聖子、聖靈、三位一體的真神上帝，《使徒信經》說得非常清楚。接著我就以基督徒耳熟能詳的詩篇第二十三篇來頌讚我們的真神耶和華：「耶和華是我的牧者，我必不致缺乏。祂使我躺臥在青草地上，領我到可安歇的水邊。祂使我的靈魂甦醒，為自己的名引導我走義路。我雖然行過死蔭幽谷，也不怕遭害，因為祢與我同在。祢的杖、祢的竿都安慰我。在我敵人面前，祢替我擺設宴席。祢用油膏了我的頭，使我福杯滿溢，我一生一世都有恩惠慈愛隨著我，我且要住在耶和華的殿中，直到永遠！」詩人讚美神，我們都是神造的人，也好似需要牧羊人帶領的羊群，才不致於迷途失散，不致於缺乏、飢餓、陷入困境，不知所措。在遇到這麼重大的挫折時，是神使我的靈魂甦醒，神的話語是我生活中的竿（尤其是在二〇一三年的九月十日凌晨，我在獄中患了小中風的症狀手腳無力，第三天才送醫院檢查治療的過程，若非神的保守，度過這個死蔭幽谷，後果不堪設想。詳見本章前面，有更詳細的篇幅描述當時的情況）。

我接下來的禱告，是引用舊約《聖經》《雅比斯的禱告》簡單的禱告詞：「主啊！甚願祢賜福予我，拓展我的境界，並常與我同在，使我不受患難，不遇艱苦。」敬畏神是智慧的開端，我的確需要從神賜的智慧，我需要有個更寬廣的境界、遠見和視野，藉由這樣的禱告，才能打開我的心思意念。

在信仰方面，自我的操練非常重要，尤其是心思意念。因此，下面這一段經句成為每天的禱告內容之一：「主啊，求祢鑑察我，知道我的心思。求祢試煉我，知道我的意念，察看我有什麼惡行沒有，引導我走永生的道路。」。每日晨禱的提點，可以緩和我急躁缺乏耐性的缺點。最後一段的禱告，是背誦《詩篇》的第一篇：「不從惡人的計劃，不站罪人的道路，不坐褻慢人的坐位。唯喜愛耶和華的律法，晝夜思念，這人便為有福。他會像栽種在溪水邊的樹，按時結果子，葉子也不枯乾，凡他所行盡都順利！」這是相當有效的自我心靈建設，更能鞭策自己養成讀經的習慣和做出合神心意的行為。

當以上的禱告完成了，接下來就為特定的事情，為家人、長輩、孩子、朋友、同學、同事們禱告，祈求主耶穌的保守、祝福和恩典。最後就為自己的需要禱告。很多人會有疑問，神怎麼跟我們說話？當我在禱告時，背經句，其實也是神向我說話，例如：祢的杖、祢的竿都安慰我；耶和華是我的牧者，我必不致缺乏；賜給我們今天的飲食；凡他所行盡都順利。有那一項不是神的應許呢？另外一種方式是當我們心裡愁煩向神禱告後，我們翻開聖經或屬靈書籍時，會看到神指示我們的經文。後來像我在等待保釋日期的時候，荒漠甘泉一再出現「等待」的字眼。出獄前的兩個月，當我決定寫書時，利用每天跑跑步機三十分鐘的時間，禱告思考這本書的目的、架構和目標讀者會想看的內容，結束之後趕緊回到房間記下來，這本書的雛形其實已經在出獄之前就有了。

在監獄裡面，宗教信仰是被尊重的。素食者和猶太教徒的食物都被接受並且供應餐點，教堂也容許不同宗教信仰的信徒使用，包括基督教、天主教、猶太教、佛教，分日期和時段做不同的佈置。監獄裡面有一位專職的牧師，每個週日我一定參加牧師的講道，有弟兄將英文翻譯成西班牙文。基督徒和天主教徒尤其歡迎外面來的牧師講道，有的牧師直接以西班牙文講道，有近兩百位弟兄參加，也有弟兄在獄中由牧師受洗為基督徒；也有一些基督徒自發性的組成查經小組，每週查經，我也曾經參與查經小組，彼此交流代禱。也許是主觀印象或是直覺，在這麼大、這麼多人的監獄裡面，我在教堂認識的弟兄們的言行舉止，的確比其他的囚犯要溫和禮貌多了。這裡的囚犯，有的是毒販、偷渡客，或是做假帳，做生意不開發票，或買賣美國禁止販售的管制品，甚至曾經是殺人犯，不一而足，但是他們在監獄裡面的行為，看不出來有這些前科。

監獄裡的教徒比例並不低，證明了有宗教信仰的人也會犯錯、犯罪，但是也有好些自稱為基督徒的人，未必真正清楚所信的道，或僅只是假日基督徒而已。感謝主，即使在監獄裡面，有弟兄、有主同行、同在，保守祂的孩子在監獄平安健康地生活，時候到了，平安健康地出獄！這是我親自的見證！

第四章

《聖經》：神的默示並啟示真理的書和生命指南

在我們短暫的生命裡，信仰是非常重要的，信仰是一種依靠、一種生活的態度和靈魂生命的寄託。喜怒哀樂或是悲歡聚散，都是我們生命的一部分，唯有信仰是恆久不變的。之前，我可以沒有信仰，工作和生活幾乎都在順境中，宗教信仰不在我的心中，我的成就都是我自己努力的成果，我是非常主觀、講求紀律並且自我中心和強勢的領導者，只要求符合公司治理、誠信和營運績效的人。然而，當我求助無門之際，我才豁然發覺自己是多麼地渺小無力，才發現不自覺地背負著友達的重擔？一直到了二〇一二年復活節的這一天，主耶穌基督的聖靈啟示了我！必須像主耶穌一樣柔和謙卑！

我自己親自的體驗就是被判刑，獲得保釋的喜悅和對神的信心。然而後來上訴被駁回，懷疑過對主耶穌的信心。兩度入監獄的過程當中，沮喪和驚愕，求助無門之際，有了基督的信仰，使得我在極度的不安之中，和主耶穌直接的禱告對話中得到平安和安慰，不至於灰心喪志或自責。

《聖經》：神的默示並啟示真理的書和生命指南

我必須感謝主耶穌，刻意將我放在一個失去身體自由，但是心靈卻可以自由馳騁天地的監獄裡，藉著勤讀《聖經》和許多書籍的機會，一方面反省過去的所有作為，一方面又思考我的下半場人生規劃。在獄中也知道全世界發生形形色色的問題，包括政治上總統選舉、經濟上的紓困、英國脫歐公投、恐怖組織攻擊和難民問題，層出不窮，全世界的政治領袖都應接不暇，甚至人民無所適從，失去了方向感等等。或許我只能在獄中冷眼旁觀，想到《聖經》中的真理，竟然發現《聖經》裡面神的話語，都可以適用今天世界上發生的一切事情。

《聖經》裡記載著神的默示、主耶穌親自說出來的話，娓娓道來門徒們親炙主耶穌的身教和言教而領悟的真理，真理是亙古不變的，傳講神的真理，就是傳講主耶穌在新約《聖經》裡的福音，做為每一個人生命的標竿和指南！

《聖經》也是一部歷史書，非常真實地記載幾千年來人類的大歷史，涵蓋了文化、藝術、政治、經濟、宗教信仰、哲學、宗教戰爭、種族衝突等，不一而足。國家的興盛與衰亡，民族的沈沈浮浮和個人的犯罪或救贖，一切都歷歷在目。過去的歷史事實，必然會在未來的歷史長河中，一再重複地出現！我甚至認為《聖經》裡的歷史，可以提供人類問題的終極解答！

《聖經》一讀再讀，感動總是不同，尤其在面臨逆境、困難、挫折時，就會知道自己不足之處，《聖經》給我安慰、加油、啟示和愛的力量，不僅僅是文字的優美、心靈的悸動，還有更深層裡靈魂的啟蒙，這是一本伴我一生的聖書！

人生的休止符與休耕的生活

滯留美國灣區初期，不能夠回台灣，上班也不方便，公司啟動了代理人制度，先後由鄭煒順和彭双浪代理，保持公司正常的營運，我則退一步想：這正好給了我可以休耕的機會，自從畢業就業之後，我並未真正休過長假，這時正好給了自己很好的理由可以休耕一段時間，一方面充電，一方面思考公司未來的發展方向。於是在美期間，我一直嘗試過著規律的生活作息，包括讀書、思考和運動，一直到陪審團作有罪的判決為止，接著受到主耶穌聖靈的感動，受洗成為基督徒後，藉著閱讀《荒漠甘泉》的靈修操練，又有了新的看見！

新約《聖經》裡記載的耶穌基督在忙碌的傳福音之餘，經常離開眾人到山上單獨跟天父說話禱告，這種獨處安靜的時間，《荒漠甘泉》作者考門夫人詮釋為音樂裡的「休止符」；休止符中沒有音樂的聲響，卻孕育著新的音樂，因此，休耕最大的意義在於讓土地更肥沃。至於休止符的意義就是新的生命樂章，心靈更豐盛，才能孕育出新的意念，計劃未來新的人生樂章！滯留美國，必須經常一個人生活，成為基督徒之後，我最大的收穫就是學會如何一個人獨處而不感孤獨，更不會抱怨、自憐自艾，因為我可以邊讀《聖經》、邊思考，加上背誦和消化，即使在走路運動時，還可以邊走邊禱告，與主耶穌交通說話，許多新的想法和觀念油然而生。與主耶穌日常的禱告對話，其實是蠻有意思的，我在禱告說話的時候，非常確定是與一位「永活的神」在對話，是有對象的，在心靈深處會反饋的，完全不像過去在廟宇拿著香拜佛那樣的經驗。在過去這麼長的時間裡，在監獄裡面和外面，禱告、讀經、思考，背誦《聖經》經文，把這些對話記錄下來，也就自自然然成為一種習慣了。

無視歷史經驗，重複犯錯的人類

《傳道書》是所羅門王的著作，年輕時，他是非常有智慧的以色列王，只向神求智慧，這一部書的確是我們工作和生活的智慧書。

《傳道書》說：「已有的事後必再有，已行的事後必再行；日光之下並無新事。以前的事，無人紀念；將來的事，後來的人也不追憶。」在日常生活中，最典型的例子就是股票的投資，賺錢或套牢經常重複發生。歷史上的政治問題和爭戰，現在更變本加厲。經濟問題則充分顯現人性永遠無法滿足，舉凡財富的貪婪、權力的誘惑，這樣的事情，不斷地發生在同一個人或不同的人身上。我在監獄裡看到的現象也是如此，有如此多的人販賣毒品入獄，甚至不止一次。但是相同罪名進入監獄的犯人絡繹不絕，犯罪的人總是有「不會是我」的僥倖心理，金融風暴事件，難道之前未曾發生過？

所羅門王年輕的時候很謙虛地向神求智慧，神確實賜給了他，他才能讓全國興盛並著作了《傳道書》，但是他卻晚節不保，造成了以色列分裂成北國和南國，最終分別被亞述和巴比倫所滅，古今中外的歷史，歷歷在目，不是嗎？

萬事都有定時

《傳道書》最令我驚艷的是這一段話：「凡事都有定期，天下萬務都有定時。生有時，死有時；栽種有時，拔出所栽種的也有時；殺戮有時，醫治有時；拆毀有時，建造有時；哭有時，笑有時；哀慟有時，跳舞有時；拋擲石頭有時，堆聚石頭有時；懷抱有時，不懷抱有時；尋找有時，失落有時；保守有時，捨棄有時；撕裂有時，縫補有時；靜默有時，言語有時；喜愛有時，恨惡有時；爭戰有時，和好有時。」當我在牢裡靜靜地思考這些話，我的一生不就是如此嗎？不需要我再添加任何說明。神的作為是什麼呢？《傳道書》又說：「神造萬物，各按其時成為美好，又將永生安置在世人心裡。然而神從始至終的作為，人不能參透。」浩瀚無垠的宇宙和神的真理，我們有限的生命和智慧，只能窺其一、二。

憂愁與歡樂

《傳道書》有這麼一段話：「憂愁勝過歡樂，面上雖帶著愁容，卻使心智更加敏銳。」尤其是對我這個心思魯鈍的人來說，特別有感動。人生不如意事十常八九，喜怒哀樂裡面的怒和哀，佔了我們情緒的大部分。尤其是在訴訟上面對接二連三的挫敗，造成心裡上很大的失落，幸好我不是個意志薄弱或是強顏歡笑的人，我是典型喜怒形於色、不輕易認輸的人。受洗成為基督徒之後，受到非常大的震撼，必須親自不斷地向主承認自己的不足和軟弱，愁苦和善感的情緒時而充斥著內心而嚴肅起來，必須不斷地向主禱告祈求心靈上的平靜，想藉著《聖經》的話語來自我安慰，認為神正在管教我，甚至徹底地破碎我的驕傲和自以為是的個性。世界上的經典之作，有哪一位作者是在歡愉的氛圍裡寫出來的？敏銳的心思意念，惟有在愁苦的環境裡才可能培養出來的，靈魂更是如此！我仍需不斷地努力。

十誡：信仰和道德標準

對每一個人來說，《聖經》的十誡必定耳熟能詳，但是不見得真的了解其意義。《出埃及記》裡，耶和華在西乃山，藉摩西與以色列百姓立約，列出十個誡命都要求以色列百姓遵守，這在基督教的教義中非常重要。十誡是指：

第一條：除了我以外，不可有別的神。
第二條：不可為自己雕刻偶像。
第三條：不可妄稱（濫用）耶和華你神的名。
第四條：當記念安息日，守為聖日。以上為對神的四誡。
對人的有六誡，分別為：
第五條：當孝敬父母。
第六條：不可殺人。
第七條：不可姦淫。
第八條：不可偷盜。
第九條：不可作假見證陷害人。
第十條：不可貪婪。

十誡之美就是如此，神先啟示以色列人民的信仰，然後曉以待人處世的道理。大家都同意，在我們短暫的生命裡，信仰是非常重要的，信仰是一種依靠、一種生活的態度和靈魂生命的寄託。喜怒哀樂或是悲歡聚散，都是我們生命的一部分，唯有信仰是恆久不變的。基督教、天主教、佛教、回教、道教等等，不是我們浮沈人生中最重要的「定錨」嗎？之前，我可以沒有信仰，工作和生活幾乎都在順境中，宗教信仰不在我的心中，我的成就都是我自己努力的成果，我是非常主觀、講求紀律並且自我中心和強勢的領導者，只要求符合公司治理、誠信和營運績效的人。然而，當我求助無門之際，我才豁然發覺自己是多麼地渺小無力，才發現不自覺地背負著友達的重擔？一直到了二〇一二年復活節的這一天，主耶穌基督的聖靈啟示了我！必須像主耶穌一樣柔和謙卑！

十誡中對人的六個誡命，本來就是理所當然，普世必須遵守的規矩，否則必須接受法律的制裁，比較不容易接受或了解的其實是前面的四個誡命；尤其是不拜人手所造的偶像，並且承認唯一的真神上帝，無神論者或多神論者並不作此想。偶像是人造的和人主觀的認定，不一定是雕刻品或是用其他方法製作出來的物件，也包括金錢、政治地位的追求、嗜好、權威人士、明星等等，都是短暫不可長期依靠的。主耶穌是死後復活的神，有永恆的生命。我們工作六天之後休息一天，也是神的恩賜，神訂的安息日。還有，誰敢濫用神的名呢？我必須說，我們不是生活在十誡裡面嗎？然而，神賜給我們最珍貴的禮物就是給我們有選擇的自由，不會強迫我們一定要信祂！以我為例，六十一歲的年紀，在面對困境和無助之際，才接受了主耶穌的呼召信了主，才了解主耶穌「愛人如己」的愛是多麼的長闊高深，延伸世界各角落。

天國八福

《聖經》裡面，主耶穌看見一大群人跟隨祂，就上山開始教導他們，稱為天國八福或登山寶訓。

一、虛心的人有福了，因為天國是他們的。
二、哀慟的人有福了，因為他們必得安慰。
三、溫柔的人有福了，因為他們必承受地土。
四、飢渴慕義的人有福了，因為他們必得飽足。
五、憐恤人的人有福了，因為他們必蒙憐恤。
六、清心的人有福了，因為他們必得見神。
七、使人和睦的人有福了，因為他們必稱為神的兒子。
八、為義受逼迫的人有福了，因為天國是他們的。

在當時，主耶穌在各地方的會堂裡教導人，宣講天國的福音，也治好民間各樣的疾病，成群的人跟從祂，主耶穌用以上的話一再的告訴以色列人，必須在生活裡實踐以上的行為，才有機會成為神的兒女，並且看見神。

信仰的中心思想是要先承認自己的靈性（或稱為心靈）貧乏、不夠謙卑，才可能接納神的愛和旨意，與人為善，和平共存。尤其重要的是第二福，為罪惡而悲傷的人，認罪悔改，神必定赦免他的罪，並且安慰他，因為神是賜恩典的神！

因此，主耶穌所講的八福，其實是「定律」，是一種你若如何……就必導致如何，也是「律法」，是神期待人活出來的一種狀態，更是一種「恩典」，若不是靠主的幫助，沒有人能夠體會，甚至無法達到主耶穌所說的境地。例如，如果要看見神，必須要有純潔的心地，是我們要活出的狀態，但是，要看見神，若不是神的恩典，我們是見不到祂的。

人人都需要平靜安穩的心思意念

在獄中生活，不僅僅失去了自由，生活上諸多的限制，又失去了親情的撫慰，心理的壓力非常大，監獄裡甚至設置心理醫生，提供犯人諮商和輔導，這個時候《聖經》裡神的話語給我莫大的助益。主耶穌說：「我留下平安給你們，我將我的平安賜給你們；我所賜的，不像世人所賜的。你們心裡不要憂愁，也不要膽怯。」這樣的平安不是親人、朋友、伴侶賜的，是耶和華賜的：「我知道我向你們所懷的意念是賜平安的意念，不是降災禍的意念，要叫你們末後有指望。」

神知道我們在面對無法承受的困難時，急需神的愛和力量，祂說：「你們得救在乎歸回安息，你們得力在乎平靜安穩！一宿雖有哭泣，早晨便必歡呼！」我的獄中生活，首要之務，就是必須要使自己的心安靜下來，默想、背誦神的話語，的確像是船的錨，將我安定下來了，感謝神！

詩篇的感動

文人雅士多喜歡用簡短的文字抒發自己內心的感受，詩詞的意境可以讓讀者徜徉在無窮無盡的感動裡。《聖經》裡的《詩篇》、《箴言》、《約伯記》都是不朽的著作，兼具神學和文學的價值和啟示，值得不厭其煩地一讀再讀，舒緩我們日常生活和工作上的困擾，心靈得到安慰，我亦身受其惠。

馬丁路德的妻子說：「若非神使我經過一些苦難，我永遠無法曉得《詩篇》中這些話語是什麼意思，不明白這些埋怨和靈裡的運作；我也永遠不了解基督徒責任的操練。」我對這段話深有同感。一個人在順境中必定充滿著自信，缺乏同理心，其實他的心是封閉的、主觀的。詩人的心是柔軟謙卑中帶著對神極大的盼望，絕非多愁善感式的舒發情緒而已。

《詩篇》的內容處處是典範，有許多是以色列王大衛的詩，他在患難中經常向神禱告祈求神的恩典、保守，並且賜給他力量。有些詩人受到強敵的迫害，迫切地向神祈禱的話，他們一方面抱怨，一方面又讚美神，詩文優雅美麗，令人動容！我們現在禱告的內容都會應用《詩篇》的內容。在此列舉一些令我感動的詩，與讀者們分享，尤其是我在最無助、最需要被安慰振作之際。

以下的六段《詩篇》經句，是當我面對挫折，無法看見未來的時候，經常出現在我的禱告內容裡面：

其一：我要向山舉目，我的幫助從何而來？我的幫助從造天地的耶和華而來。你出你入，耶和華要保護你，從今時直到永遠！

其二：我公義的神啊！我呼求的時候，求你答應我。我在困苦中，你曾使我舒暢，求你恩待我，聽我的禱告。

其三：耶和華啊！求你把你的道路指示我，求你把你的路徑教導我，求你以你的真理引導我、教訓我，因為你是拯救我的神；我整天等候的就是你。

其四：當將你的事交託耶和華，並倚靠他，他就必成全。

其五：神是我們的避難所，是我們的力量，是我們在患難中隨時的幫助。

其六：你是我腳前的燈，是我路上的光。

我相信以上的話語都是神的應許，有信心的禱告，加上完全的交託，神的恩典必定在最適當的時候，用最好的方式賜給我們的。然而，神的道路和神的意念遠遠的超過我們，也許在當下的時刻我們無法理解，耐心地等候神的應許是最好的方法。

鹽和光

鹽和光在我們日常生活中是那麼自然地存在著，我們也非常自由地使用，信手拈來，取之不盡，用之不竭的資源。除了食物需要鹽，動物植物都需要光之外，我們的生命如果少了這兩樣，我們活得下去嗎？

主耶穌對門徒說：「你們是世上的鹽。鹽若失了味，怎能叫它再鹹呢？」又說：「你們是世上的光。城造在山上，是不能隱藏的。人點燈，不放在斗底下，是放在燈臺上，就照亮一家的人。你們的光也當這樣照在人前，叫他們看見你們的好行為，便將榮耀歸給你們在天上的父。」

門徒的責任，就是一方面要像鹽一般，傳主耶穌的福音，改善人們的心靈品格，包括柔和謙卑、愛人如己的愛心、棄惡揚善的行為，調和並舒解人們情緒的壓力等等，我們的言語和行為都應該像鹽一般，發揮調味和滋潤別人情緒的作用。至於光的重要性，主耶穌進一步說明：「你眼睛就是身上的燈。你的眼睛若瞭亮，全身就光明；眼睛若昏花，全身就黑暗。所以，你要省察，恐怕你裡頭的光或者黑暗了。若是你全身光明，毫無黑暗，就必全然光明，如同燈的光照亮。」像主耶穌一樣，做個光明之子，照亮你身邊的所有人！我們習以為常的鹽和光，我們主耶穌將之比喻為我們行事為人的道理，主耶穌賜的鹽和光尤其珍貴，讓我們擁有更豐富的鹽和溫暖的光，當我們將之傳揚給更多的人，我們自己的人生也更豐盛了！

約伯記

我尤其喜歡《約伯記》，這是一位敬畏神的義人約伯的故事，他遭遇了種種大災難，喪失了所有的子女和財產。約伯自認是正直的義人，大膽地質問神為什麼？他在遭受重大災難打擊時，依然信靠神。他說：我赤身出於母胎，也必赤身歸回。賞賜的是耶和華，收取的也是耶和華；耶和華的名是應當稱頌的，他並不犯罪，也不埋怨耶和華。

《約伯記》作者用洗練簡約的文字架構出神和約伯的對話，最令我感動的是神無以名狀的力量！作者這麼描述：「耶和華從旋風中回答約伯說：我立大地根基的時候，你在那裡呢？你若有聰明，只管說吧！地的廣大你能明透嗎？你若全知道，只管說吧！光亮從何路分開？東風從何路分散遍地？你且觀看河馬。我造你也造牠，牠吃草與牛一樣。牠的力氣在腰間，能力在肚腹的筋上。於是約伯回答耶和華說：求你聽我，我要說話；我問你，求你指示我。我從前風聞有你，現在親眼看見你，因此我厭惡自己，在塵土和爐灰中懊悔。」約伯看見的是「神全知，而我一無所知」。約伯對自己的苦難沒有答案，但是神全知。在神面前，我們是珍貴的受造者！

初讀《約伯記》，讚美作者的神學修養、敏銳的思維和文學之美。再讀一次，比較了解約伯三友的辯論失之偏頗，他們都自認為義人，約伯應該認罪悔改。讀了吳獻章博士的《擱淺的日子》這本書，以及《約伯記》註釋，才能真正體會《約伯記》作者的初心和目的。我是初信者，又是擱淺於苦難的人，相較於約伯這位資深的義人，他對神的質疑和信心交錯著，又要忙於與三友辯論，自認為無辜的受害者的同時，又要堅定的信仰神，仰望神的帶領，我是遠遠不足的。直到神出手了，述說神的創造和大能大力，約伯走出了擱淺的日子，反而從神那裡得到雙倍的恩賜。

我不能自比約伯，在信仰的道路上，我應該效法他對神恩典的頌讚。尤其是這句經典名言：「我從前風聞有你，現在親眼看見你！」在患難中求告神，就可以得到神賜的平安和力量！

憂鬱症的解藥：神的愛

在《馬太福音》裡，主耶穌這麼說：「所以我告訴你們：不要為生命憂慮吃甚麼、喝甚麼；為身體憂慮穿甚麼。生命不勝於飲食嗎？身體不勝於衣裳嗎？你們看那天上的飛鳥，也不種，也不收，也不積蓄在倉裡，你們的天父尚且養活牠。你們不比飛鳥貴重嗎？」

憂鬱症是現代社會的特殊病徵，我們的生活步調、工作壓力、經濟壓力，失敗的經驗，經年積累在身上，人際關係和家庭關係緊繃之下，情緒找不到出口，抑鬱寡歡的後遺症造成睡眠不足，免疫系統失調，致使交感神經和副交感神經無法正常運作，藥物的治療反而衍生出許多不可預期的副作用，最後甚至無法控制自己的情緒，不自覺地走向絕路。

過去這些年來，我和金枝面臨的困境，也曾經讓我們深感無奈和無助。

在困難無助的初期，我們是靠著家人、朋友和同事的關懷一天天地度過。這樣的生活，坦白說，只能維持短暫的時間。尤其是我一再地必須接受失望、盼望、再失望的窘境，導致二度入獄，並且面對必須要服滿刑期的「牢獄之災」。這些意外中的意外，我必須承認，耶穌基督就是我不折不扣的救主！為什麼呢？國父孫中山先生曾經說過：「有思想才有信仰，有信仰才能產生力量。」據說國父也是位基督徒，國父的革命毅力，若非依靠著堅定的信仰和信心，甚至冒著生命危險，領導同志，屢戰屢敗，屢敗屢戰，終於成功地完成革命任務！

患有憂鬱症的人，並非沒有得到愛和關懷，他們需要被愛、被關懷，問題是他們的心靈容不下愛，終日陷入無止境的憂慮中，無法依靠自己的自由意志走出泥淖而萌生絕望之心。信仰加上禱告，是一種心靈上與神深度的對話而產生的盼望和力量，透過適當的輔導、溝通、耐心，將神的愛一點一滴地滲透他們的心靈，持續的對話和禱告，慢慢地，將憂鬱症患者的心結打開，讓神的愛進入他們的心靈深處。

誰是造成壓力或焦慮的元兇？工作、生活、家庭、老闆、低薪、危機感、生病、投資失敗？原因不一而足，但不見得正確。我們的生活，不如意事，十常八九，也可以找到情緒的出口，不會太嚴重的。但是憂鬱情緒卻是在我們不知不覺中滲進我們的思想裡面，開始了失眠現象，陷入無法集中精神的惡性循環裡面。金枝自承，因為擔心我的事情，當她一個人的時候，自覺開始陷入輕微的憂鬱症，幸好不斷地讀《聖經》、《荒漠甘泉》，祈求盼望，隨時感受主的同在，再加上孩子、朋友和教會牧師、師母、弟兄姊妹們的代禱與真誠關懷，不會孤立無援，憂慮的心情才逐漸緩和下來了。

另外，互相擁抱，也是最佳良方！進入監獄前，與金枝和同事們相擁，彼此珍惜珍重。有人來監獄探訪我的時候，第一個動作就是互相擁抱，離開前也是相同的動作。我必須特別感謝迦南台灣基督教會和新竹雅歌靈糧堂的牧師、師母們和這麼多的弟兄姊妹，在我們夫妻面對這麼大、這麼長期的試煉時，不離不棄，將主耶穌賜給他們的愛都給了我們！感謝主耶穌！

在監獄裡生活，半夜醒來不易入睡，開始胡思亂想，又感到不安時，只好躺在床上安靜地默想《聖經》的經句。我最常背誦的一段是使徒保羅的話：「應當一無掛慮，只要凡事藉著禱告、祈求和感謝，將你們所要的告訴神。神所賜出人意外的平安，必在基督耶穌裡，保守你們的心懷意念。」

我尤其想到「出人意外的平安」，到底是什麼樣的平安？只有從主耶穌賜的平安才算！有許多的夜晚，我是這樣過的。

當我們的孩子們在襁褓時，我們給孩子們最大的安全感，不就是擁抱和親吻嗎？及長，這些動作逐漸消失了，相擁變得愈來愈奢侈，愈來愈生疏了，甚至忘記了這個該有的動作？我們只會用有限的話語安慰別人，卻吝於擁抱對方，不是嗎？

話說回來，主耶穌非常了解我們的憂慮和需要，祂這樣說：「不要為明天憂慮，因為明天自有明天的憂慮；一天的難處一天當就夠了。」問題是我們做得到嗎？小信的我們，卻脫離不了憂慮的陰影，彼得也說：「你們要將一切的憂慮卸給神，因為祂顧念你們。」要看清楚：一切的憂慮，不是部分的憂慮！神和主耶穌是我們最可靠的磐石和救主！

只要是心中有主耶穌的愛的基督徒弟兄姊妹們，我相信憂鬱症會遠離你們，你們也有能力去幫助患有憂鬱症的人，好好地擁抱對方，用愛去關心他們，才是不二法門！

聖徒保羅和約翰・本仁

在獄中讀《聖經》靈修，保羅的書信和約翰・本仁（John Bunyan）的

《天路歷程》（The Pilgrim's Progress），最讓我感動，不僅僅是我跟他們一樣被監禁入獄，書信內容也讓我有更深的感觸，支撐我的信心和意志力。保羅在獄中依舊記掛著教會的弟兄姊妹和他們的信仰是否堅定正確，用情至深。十七世紀，約翰・本仁被監禁了十二年，完成了僅次於《聖經》的基督教著作：《天路歷程》，寓言式的寫作方式，描述一個天路客是怎樣一步一步的走進天門，完整地呈現重要的基督教教義。

我的上半場人生一帆風順，以世俗的眼光看，該有的都有了，是在雲端上的人，然而因為這個訴訟案件，讓我回落到地面，失去了身體的自由和工作。這一回，藉著基督耶穌的信仰和祂「愛人如己」的誡命，我的下半場人生轉個大彎，再度重回軌道了！

雖然每天藉著讀經禱告靈修操練，在獄中還是經常有情緒低潮，心思意念不穩定，難以入睡的時候，許多的正向意念竟然會不時地湧入心頭，使我度過了無數次的低谷。

《腓立比書》是保羅在羅馬的監獄裡寫下的，他的話語激勵了我的心和意志力。每當晚上睡不著覺，記掛著家人孩子們的事情，將來的生活或工作的計劃，書中的經句平靜了我的心思意念：「應當一無掛慮，只要凡事藉著禱告、祈求和感謝，將你們所要的告訴神，神所賜出人意外的平安，必在基督耶穌裡，保守你們的心懷意念。」我一直想體會什麼才是真正的「出人意外的平安」？也背誦著主耶穌的話：「我留下平安給你們，我將我的平安賜給你們；我所賜的，不像世人所賜的。你們心裡不要憂愁，也不要膽怯。」保羅又說：「弟兄們，我不是以為自己已經得著了，我只有一件事，就是忘記背後，努力面前的，向著標竿直跑，要得神在基督耶穌裡從上面召我來得的獎賞。」

保羅在《腓立比書》裡的另一段話，我也印象深刻：「我知道怎樣處卑賤，也知道怎樣處豐富，或飽足、或飢餓、或有餘、或缺乏，隨事隨在，我都得了秘訣。我靠著那加給我力量的，凡事都能做。」

在獄中，保羅也這麼說：「你們要靠主常常喜樂！我再說，你們要喜樂！當叫眾人知道你們謙讓的心。」

保羅和我一樣身處監獄裡面，失去行動的自由，他不能傳主耶穌的福音，我無法回家、不能工作，沒有秘書，沒有司機，身邊沒有任何可用資源，以當時監獄的環境，在獄中的保羅比我更辛苦是必然的。禱告時，想到保羅的處境和那種靠主平安的喜悅，我難道做不到嗎？出獄後，我能不能忘記背後，努力面前的，朝著新的標竿直跑？

在受到重重限制的監獄裡，讀到這些話語，才讓我有更多深層的思考和反省，才了解到宗教信仰的價值和力量！在風和日麗、一帆風順的時候，想到的都是自己的功勞或努力，是一種驕傲的心態，這就是以前的我！

《天路歷程》書中的天路客，名叫基督徒。一開始就排除了眾人的攔阻，堅定地走自己的路，在路途中必然遇見了許多的困境和試探，最終抵達了天路客的家！傳教師一開始就指示天路客的路，是很難走的窄路和很難進入的窄門，但是神的話，卻是天路客腳前的燈和路上的光！作者更巧妙地以擬人化的名字來描述人的本性，例如頑固、易遷、援助、世故等等。

約翰・本仁描寫天路客基督徒的經歷，面對誘惑、死亡威脅、恐嚇、鼓勵、冷潮熱諷、溫馨接待等等，考驗人性、信心、勇氣的試煉，終於來到了目的地：天家。整本書就是描述基督徒一生的信仰之路。愈靠近天家的門檻，愈是危機四伏。在那兒豎立著懷疑的城堡；迷惑的境域，正等著把疲倦的旅客誘入致命的夢鄉。當天堂的美境已歷歷在望時，正是地獄之門大開，發揮它最致命危害的時候。這就像是描述一個基督徒一生的信仰過程，其實是充滿掙扎、跌跌撞撞、信與不信、離開了神之後又認罪悔改的辛苦過程，最終得到冠冕，我們的一生不就是如此嗎？

信仰大師路易士的《返璞歸真》

在我第二次入獄之後的二〇一五年六月一日，二女兒如慧寄給我路易士（C，S，Lewis）的《返璞歸真》（Mere Christianity）這本書，是當年她念美國高中時，每位學生必讀的書之一。這是路易士剖析自己的基督教信仰的路程，由表面的信到不信，然後徹底地信仰耶穌基督。路易士是英國文學界的巨擘，一生寫過不少的書。年輕時的他，因為母親的癌症並未因為他的禱告得到治癒，使他失去對神的信心；後來自己承認在向神禱告時既無愛心，也對神毫無敬畏之心。在當時是為了取悅父親才正式進入教會的。甚至認為所有的宗教信仰都是神話，都是人自己的發明。直到一九二九年復活節，三十一歲的路易士自述：「痛改前非，承認上帝是上帝。我跪下、我禱告、那晚我很可能是全英國最喪氣也最不情願，但卻回頭了的浪子。」

這本書原為路易士的電台廣播講話，他的目的就是以一個普通的平信徒，在廣播節目中幫助不信基督的朋友，向他們闡釋基督教信仰，並且為之辯解。這本書是路易士答覆我們，大時代所面對的道德與信仰問題，也回答了我在信仰上諸多的疑慮。我特別在這裡節錄他的重要信仰觀念，希望能夠幫助尚未認識耶穌基督的讀者，仔細閱讀體會一番。

善與惡

所有的宗教都秉持著棄惡揚善、愛和慈悲的教義。大家都同意神是絕對的善，當神造人時一切都是好的，但是人犯罪以後，人的善是被扭曲的。那麼為什麼會有惡呢？而且佈滿了全世界每個角落？這麼說吧：一個人要為惡，必須先有生存，先有智慧和意志。但是生存、智慧和意志本身都是善的。作惡的人一定要從善的力量那裡去取得這些東西之後，才可能去行惡，因此有人稱魔鬼是墮落了的天使。惡不是自始便有，是附屬的寄生物。做惡的人都擁有決心、聰明、知識和好的儀表，不是嗎？被造之時本是善的，可惜後來偏離了正路。上帝造人，讓人有自由意志，被造物可以走正路，也可以選擇偏路，可以自由為善，當然可以自由行惡。

罪與救贖

神造人類，賦予我們自由意志，能行善，也可能行惡，但是神還是給予犯罪者認罪得到救贖的機會。神知道人的軟弱與有限，在不經意之間，很容易犯下錯誤，例如口舌之罪、貪婪之心、自私自利的行為，但是神是信實和慈愛的。西元前的《春秋左傳》也這麼說：「人誰無過，過而能改，善莫大焉！」神揀選了以色列民成為子民，他們犯了悖逆神的罪、認罪悔改、得到救贖、又悖逆了神而亡了國，罪的審判和救贖，在歷史上不斷地重複播放著。

主耶穌是用比喻傳真理的高手。在《聖經》的路加福音裡，主耶穌的一段浪子回頭的「神比喻」令我印象最深刻。話說一位父親的小兒子分得應得的家業，於是小兒子在外任意放蕩，耗盡一切所有的，窮困潦倒，走頭無路。於是悔改回家，父親喜出望外，大方地接納了悔改的小兒子，給他穿上新衣戴上戒指；大兒子卻生氣，不肯進門。父親對大兒子說：「兒啊！你常和我同在，我一切所有的都是你的；只是你這個兄弟是死而復活、失去又得的，所以我們理當歡喜快樂。」這就是神接受認罪悔改和得到救贖的真理。

中國的春秋戰國時代，就是兩千多年前的羅馬帝國統治的時代，當時各國諸侯的生生滅滅，並非偶然，中外皆然！也是神的作為，我們有限的生命長度還無法全然體會的。

善與惡，罪與救贖都是相對的，也是我們的生活和生命中的必修課，不是嗎？

造和生大不同

上帝所生的是神，人所生的是人。所以，釐清造和生的區別：基督為上帝所生的，是神；人則是上帝所造的，是人，不是神。

使徒保羅在他的《羅馬書》第八章的記載裡面，也宣稱我們為「受造之物」（the creation）。

超越時間、超越歷史、超越空間

全世界幾億人同時向神說話禱告，神怎麼可能一一聽見呢？路易士精闢的見解說：「上帝不在時間之內。上帝不會受我們宇宙中的時間之流所驅使，祂是在我們之上、之外、四周，祂根本不住在我們了解的時間系列裡面。」我們最感困惑的是，主觀地認為上帝也沿著我們的時間直線而前進，「日子」這個名詞，在上帝都是現在！正如新約《聖經》中《彼得後書》彼得說的：「親愛的弟兄啊，有一件事你們不可忘記，就是主看一日如千年，千年如一日。」神超越歷史，祂也在明天裡，能見到我們見不到的將來！

接受基督信仰難不難？

一個非常普通的我，生命成長和教育過程中，很自然地會接受「道德」、「高尚行為」或是「社會善良風俗」的制約，我們都希望能夠做好事、做好人、樂善好施，而且努力去實踐。如果做不到呢？會對自己心生不滿的負面情緒而覺得很自私自利。尤其是當我們面對順境或逆境時的情緒反應截然不同。然而我們的日常生活中，與宗教的關係無處不在，例如我們使用的西元紀年是以耶穌誕生於馬槽開始、神愛世人和信耶穌得永生，隨處可見。即使不是基督徒，對《奇異恩典》這首歌卻是耳熟能詳的，遇見困難之際，總是會想到要有倚靠，求神拜佛問卜，求好命好運，甚至改名，林林總總。除非是無神論者，每一個人心中都有信仰的，不是嗎？

基督徒的信仰方式比較不同，不拜偶像，而是透過《聖經》的閱讀、靈修、領受，加上與上帝和主耶穌的對話禱告中，得到平靜安穩的心思意念。這些行為，可以是個人的行為，也可以透過教會群體由牧師帶領下，一起向上帝禱告祈求。而且弟兄姊妹之間會真誠的彼此代禱、關心和扶持。基督徒在教會裡面，和日常生活當中，每一位弟兄姊妹一方面是獨一無二的，卻又彼此相愛連結，以主耶穌基督為中心的一種生活方式，將主耶穌的教導融入生活的細節裡。

小基督的實踐

若是要以完全，毫無缺點的標準來要求，沒有一個人有資格得稱為完人或稱為聖人。基督信仰的中心思想就是以耶穌基督為中心，我們並不完全，並且帶有罪性，經常犯錯或是犯了耶穌要求的生活準則。上帝和主耶穌基督非常了解我們的缺點，有意無意之間經常犯錯，但是祂是信實和慈愛的神，只要認罪悔改，祂必定會赦免我們的錯誤行為。我們在性格和修養方面的培養，不就是認錯、修正、道歉、然後逐漸改善的嗎？我們的主耶穌基督的愛就是如此。祂總是歡迎接納認錯悔改的人！

路易士提出「小基督」的概念，就是鼓勵所有的基督徒弟兄姊妹們以小基督自居，披戴基督，以基督耶穌的心為心，將主耶穌的生命和思想注入所有的小基督心裡。這樣的實踐，就是一方面藉著自己的讀經、靈修、禱告，另一方面再加上教會裡群體敬拜讚美禱告唱詩等活動，互相分享所經歷的所有生活上的喜怒哀樂，以及神恩典的見證。我非常享受小組團契中，小基督之間的互相代禱、見證分享、彼此關懷的氛圍，尤其是在美國滯留，有家歸不得的時候！

我自己親自的體驗就是被判刑，獲得保釋的喜悅和對神的信心。然而後來上訴被駁回，懷疑過對主耶穌的信心。兩度入監獄的過程當中，沮喪和驚愕，求助無門之際，有了基督的信仰，使得我在極度的不安之中，和主耶穌直接的禱告對話中得到平安和安慰，不致於灰心喪志或自責，感謝主耶穌！

第五章

重新發現信仰與領導統御之美

主耶穌是史上最偉大的領導者！也是人類歷史上最有影響力的人。主耶穌以「愛」建立祂的王國，與全世界的政治人物或國家領導人完全不同，祂也是真正地用愛來領導世人的主！

我在四十年的職場生涯中，從擔任基層主管開始，逐步被擢升為執行長的職務，接受許多領導統御的訓練和實戰經驗自不在話下，但是從來沒有討論到宗教信仰跟企業經營管理相關的議題。最偉大的領導者其實便是侍奉、犧牲和給予。領導者如果能像僕人一樣全心伺候「被領導者」（公司的員工，家庭裡的配偶和子女），關心他們所需要的，解決他們的困難，竭力達成他們的要求，這種「服務式的領導」，其實最有效率。

主耶穌基督這麼說：「你們當中誰要做大人物，誰就得做你們的僕人；誰要居首，誰就得做大眾的奴僕。」僕人的職責，就是提供主人必要的服務和照顧。「我們曉得萬事都互相效力，叫愛神的人得益處，就是按祂旨意被召的人。」這也是主耶穌親自說的話。建立團隊合作的過程中，如果從夥伴關係、謙卑的態度和互相效力的立場來溝通，已經成功了一半！

信仰與領導統御：領導者＝僕人

主耶穌是史上最偉大的領導者！也是人類歷史上最有影響力的人。主耶穌以「愛」建立祂的王國，與全世界的政治人物或國家領導人完全不同，祂也是真正地用愛來領導世人的主！

我在四十年的職場生涯中，從擔任基層主管開始，逐步被擢升為執行長的職務，接受許多領導統御的訓練和實戰經驗自不在話下，但是從來沒有討論到宗教信仰跟企業經營管理相關的議題。在我擔任友達光電總經理和執行長期間，液晶顯示器面板挾著輕薄省電和高畫質的特性，幾乎可以應用在人類視覺需要的所有顯示器中，因此，台灣、中國大陸、韓國和日本相繼大舉投資在這項技術的研發和產能的擴充上。二十年來，友達光電在競爭激烈、強敵環伺的經營環境中學習和成長，公司領導者的遠見、堅持、突破困境是關鍵之一。我必須坦承，在領導友達期間，為了改善競爭力，經歷了兩次大型的併購案；我們的經營團隊確實花了相當多的時間精力來改善友達的管理架構、企業文化、公司治理、企業的社會責任等等。我從來沒有想過宗教信仰，例如基督教，可以被接受並且應用在公司的領導人、經營團隊和員工身上。我曾經表示過，我並不反對公司同仁的宗教信仰和活動，但是要避免因為宗教信仰造成組織內部同仁的溝通或管理上的困擾。

僕人領導學

直到有一天，也就是二〇一六年的四月二十五日，我收到金枝寄來一本由新竹雅歌靈糧堂葉輔興牧師送的一本書：《僕人：修道院的領導啟示錄》（The Servant: A Simple Story About the True Essence of Leadership）作者為詹姆士．杭特（James C Hunter）。推薦序和導讀內容深深地觸動了我的心，開啟了我對領導統御新的看見和意義。對我來說，這樣的觀點是全新的，過去我上過的訓練課程，講師內容普遍集中於領導者的遠見（vision）、領袖氣質（leadership），培養團隊精神，建立企業文化、誠信原則和管理紀律等等。

本書作者的基本觀念就是：最偉大的領導者其實便是侍奉、犧牲和給予。領導者如果能像僕人一樣全心伺候「被領導者」（公司的員工，家庭裡的配偶和子女），關心他們所需要的，解決他們的困難，竭力達成他們的要求，這種「服務式的領導」，其實最有效率。

新約《聖經》裡，主耶穌的話「要愛你的鄰舍」、「施比受更為有福」，主耶穌所說的愛、施、受，其實都是動詞，不是感覺情緒，是一種行為。公司同仁不就是我們的鄰舍，甚至情同手足嗎？教會肢體互稱弟兄姊妹，互相關心代禱，很容易就拉近彼此的距離。

另一個很重要的觀念，就是要區分威權（power）和威信（authority）。威權是一種能力，利用自身的地位，不顧別人的意願，強迫他們照著你的決心行事，因此容易得到也容易失去。威信則不同，是一種技能，可以運用影響力，讓別人心甘情願地照你的決心行事，是一種長期的合作夥伴關係。在日常生活和管理行為中，都是這兩個方式交互運用、組合的，一定可以發揮領導者領袖的功能。家裡的大哥或大姊對待奉父母或繼承家產不計較，不是就能博得弟兄姊妹的尊敬嗎？

領導vs.管理

在管理公司的時候，我一直跟同仁說組織是一個由人所組成的有機體；存貨、產品、材料、設備等等，其實都是無機體，我們是在管理這些無生命的東西，但是，論到人，我認為不應該使用管理這個詞。身為領導人或是被人領導，才是我們做為人真正的價值；人類有極深的渴望，希望自己的生命能夠有意義、有目標。不管他或她扮演什麼角色，為人父母、員工、主管甚至是高階主管，家庭的價值觀或公司的企業文化，都是彰顯人的重要價值，正是我一直堅持扮演「領導者」，而非「管理者」角色的基本原則。

既然如此，有機體的組織之間，橫向和縱向的溝通與協調就變得非常重要了。我強烈地認為傾聽、溝通、協調，是讓組織可以呼吸和成長的必要養分，因此，領導者的角色扮演非常重要！因為領導者是領導有靈性、有自由意志的人；我在想，領導者如果以「傳教士」的身分自居，像牧師般地時時提醒每一位同仁，用郵件、用 line、用 WeChat，甚至親自面對面溝通講解，將組織的意義、價值、目標傳遞給員工，這樣一來，更有自覺的員工和自我管理組織的績效，應該會更好才對。

以僕人自居

我必須先坦承自己過去擔任管理者的時候，從來就沒有以僕人自居，因為在辦公室裡有許多主管和秘書幫忙做許多事情，在家裡則由老婆打點一切，我是老闆，鮮少自己親自動手，但是我倒是非常重視公司的營運績效和工作紀律的領導者，才可能面對瞬息萬變、競爭激烈的面板產業。頻繁的溝通，成為我在領導公司發展中必要的手段之一。

僕人的必備修養是什麼？主耶穌基督這麼說：「你們當中誰要做大人物，誰就得做你們的僕人；誰要居首，誰就得做大眾的奴僕。」僕人的職責，就是提供主人必要的服務和照顧。服務我們的客戶，滿足客戶的需求責無旁貸。但是主管，尤其是高階主管，怎麼可能以僕人或服務人員的態度來領導員工呢？在管理訓練課程裡，我們經常被告知員工是公司最重要的資產，領導者做到了嗎？

管理大師彼得．杜拉克說：「如果一個人不肯放下身段，那麼，他無法得到應該有的威信。」要做到僕人的樣子，放下身段是第一步！

溝通與口舌

主耶穌的一段話點醒了我，祂說：「進到口裡的不能使人污穢，只有從口裡出來的，才能使人污穢。」祂又說：「污穢的言語一句不可出口，只要隨事說造就人的話，叫聽見的人得益處。」領導者的話，通常會被認為是一言九鼎，被奉為圭臬。為了追求組織的和睦，領導者千萬不要逞口舌之快而傷害自己的員工或家人。主耶穌的弟弟雅各這麼說：「舌頭在百體也是最小的，卻能說大話。我們用舌頭頌讚那為主、為父的，又用舌頭咒詛那照著神形像被造的人。頌讚和咒詛從一個口裡出來，我的弟兄們，這是不應當的。泉源從一個眼裡，能發出甜苦兩樣的水嗎？」

使徒保羅要求教會的監督和執事，也是教會的領袖，應該遵守的規範。他說：「作監督的，必須無可指責，只作一個人的丈夫，有節制，自守、端正，樂意接待遠人，善於教導；人若不知道管理自己的家，焉能照管神的教會呢？作執事的也是如此：必須端莊，不一口兩舌，不好喝酒，不貪不義之財；要存清潔的良心，固守真道的奧秘。」以我的經驗來說，守住自己的口舌，非常不容易。想好事、說好話，言語能造就人，這是我一輩子的功課。

扮演好僕人的角色，需耐心修練

在組織裡，我的觀察是領導者與同仁開會討論的時候，因著身分，是最容易情緒化的人，往往讓與會的同仁不知所措。《聖經》上說：「生氣卻不要犯罪，不可含怒到日落。」領導者如果能夠以僕人自居，我相信他必定會謹言慎行，更為謙卑，不會有一口兩舌的事情發生的。

在組織裡面，激勵士氣和促進團隊合作為第一要務，尤其是身為領導者，他的激勵果效特別高。重點是如何激發員工內心的熱情？讓團隊的成員將內在的渴望與他們外在的行動合而為一，不但願意將事情做到最好，也願意為整個團隊盡心盡力。

當你讀遍新約《聖經》，你可以親自體會主耶穌基督的每一句話，句句是真、句句是愛！當我求助無門、無可奈何之際，只要想到主耶穌說的話，我的信心和耐心就被充滿了！

我擔任友達總經理的時候，經歷兩次的合併過程：第一次是在二〇〇一年八月十二日達基與聯友合併，公司名稱改為友達光電，第二次是在二〇〇六年十月十一日再度與廣輝電子合併，一躍成為全球第三大的面板公司，緊接著的挑戰奇大無比。例如，不同文化的融合、不同背景的員工、不同的制度、不同的技術來源、台灣和中國大陸不同的生產基地、簡化產品線，產能爆增，折舊成本翻倍等等，都是巨大的挑戰。其中最要處理解決的是與員工同仁彼此的溝通，並且降低員工的不安全感，擔心有被裁員的疑慮。光是大型說明會，依然無法達到完全的共識。這個時候，領導者或是主管的談話內容和語氣都格外關鍵，尤其是心態。在監獄裡讀到這本書的時候曾經深刻地反省，如果我早就知道這個觀念，我的溝通方式和態度將會大大地改善才對。我必須承認，要領導者扮演好僕人的角色並不容易，必須耐心地修練。

身為領導者最具挑戰的功課

有鑒於面板產業激烈的競爭和瞬息萬變的特性，數萬名員工分散全球各地，公司的營運狀況如何傳遞給所有員工是非常大的挑戰。我擔任友達總經理時，每個月的月初都會給全球員工一封信，稱為HB Message（總經理的話），清清楚楚地讓所有員工知道上個月的營運數字，做得好或做得不夠之處，待改善的地方，很誠實地告訴大家，這樣的溝通長達三年以上，直到我卸任這個職位為止。

除此之外，針對基層以上的主管，李焜耀董事長和我在一起主持每一季度的業務說明會，由業務單位主管報告當季的績效和下一季的展望和重要計劃，這個做法持續至今，效果很好。

以僕人自居，以服務客戶的標準來領導經營公司或家庭，一定會成功的。主耶穌基督沒有辦公室，沒有祕書，沒有電腦、沒有智慧手機，祂是最偉大的領導者，祂在最後的晚餐那個晚上，祂挽起袖子，為所有的門徒們洗腳。為主人洗腳本來是僕人該做的事，但是，「為門徒們洗腳」表示在上的服事在下的。洗完門徒們的腳，主耶穌對他們說：「我給你們作的，你們明白嗎？」又說：「我是主，是老師，尚且洗你們的腳，你們也應當彼此洗腳。」我作了你們的榜樣，是要你們也照著我所作的去行，這是身為領導者很挑戰的功課！

團隊夥伴關係與論斷

為同仁洗腳，或許做不到，但是還有更好的方式領導員工，這些方式不外乎真誠用心的關懷、傾聽、不做立即的論斷。公司為了有效營運，組織分工合作是必要的，但是門戶之見、利益衝突無法迴避，主管們一定會接收到立場不同的信息意見，很容易陷入不當的結論或決策，溝通嚴重不良的問題，在組織的運作裡幾無倖免。主耶穌是溝通大師，祂的說法和比喻堪稱一絕！祂告訴門徒們：「你們不要論斷人，免得你們被論斷。因為你們怎樣論斷人，也必怎樣被論斷；你們用甚麼量器量給人，也必用甚麼量器量給你們。你為什麼看見你弟兄眼中有刺，卻不想自己眼中有梁木呢？」這就是我們在工作溝通中常見的問題：我是對的，你是錯的，尤其是高階主管自以為是的主觀意見，不是嗎？

團隊合作（team work），是每一個組織最大的挑戰，使徒保羅冒著生命的危險，三次不辭勞苦、跋山涉水，在各地建立教會傳主耶穌的福音。即使保羅在監獄裡面，依然勤於寫作勉勵教會的弟兄姊妹們，不斷地鼓勵弟兄姊妹們要效法基督耶穌的謙卑。他說：「凡事不可結黨，不可貪圖虛浮的榮耀；只要存心謙卑，各人看別人比自己強。」（這一點對在上位的高級主管或是在某個領域的專家來說，尤其不容易）。各人不要單顧自己的事，也要顧別人的事。組織裡面特別講求個人、組織和公司的績效，KPI（組織績效指標）是一個重要的管理機制。保羅的這一段話，不就是要求組織裡面的同仁，破除門戶之見和本位主義的現象嗎？「我們曉得萬事都互相效力，叫愛神的人得益處，就是按祂旨意被召的人。」這也是主耶穌親自說的話。建立團隊合作的過程中，如果從夥伴關係、謙卑的態度和互相效力的立場來溝通，已經成功了一半！

第六章

人生下半場，開跑了！

清晨三點鐘我被叫醒，很快地打包盥洗，提著簡單的行囊向指定地點報到，同一天出獄的還有三位，看不出彼此的心情，我非常肯定：我終於自由了！我的改道人生（detour）即將開始了！

就在二〇一七年一月二十五日下午五點飛機起飛之際，金枝和我的心情無比地輕鬆愉快，一起在機艙裡禱告，回憶過去七十八個月，整整六年半的試煉，想到使徒保羅的話說：「我們這至暫至輕的苦楚，要為我們成就極重無比永遠的榮耀。」大雷雨的時間，和漫長的夏日相比，非常短暫。《聖經》詩篇這麼說：「一宿雖有哭泣，早晨便必歡呼！」就是我們當時在飛機上的感動！二十三個月前離開台灣赴美入獄，現在重返國門，看到的每一個人，每一件事情都是美好的。神的愛總是不離不棄，且永遠不變，他的恩典更是無處不在！

神是愛

念小學的時候，在新竹縣新埔鎮路上的電線竿，總會看見貼了「神是愛」、「信耶穌得永生」的標語，我知道這些標語是天主堂或基督教堂的神父或牧師貼上的。我喜歡去天主教堂，我們可以在裡面打桌球，還有一些餅乾可以吃，雙鬢白髮的外籍神父，會親切地摸摸我的頭，講些不怎麼標準的國語。坦白說，我對神父給予的這種愛沒有特別的感覺，我在新埔街上與外祖父、外祖母同住，過著近乎被溺愛的童年，愛就是被喜歡被照顧，不愁吃穿，就這麼簡單。就業之後，擔任主管，最在乎的是公司的業務和自己的工作績效，對同仁的喜怒哀樂的情緒關懷，也僅止於表面的關心和致意，不容易有更深層次的了解與分享。對於愛的想法是淺淺淡淡的。愛就是愛老婆、愛孩子、孝順父母、尊敬長輩和老師，僅此而已，其實我完全錯了，把愛想得太簡化、太表面了。

愛人如己

主耶穌說過這樣的話：「你要盡心、盡性、盡意，愛主你的神。這是誡命中的第一，且是最大的。其次也相倣，就是要愛人如己。」當我第一次讀到這段話，了解字面上的意義。但是在我的日常生活中與家人、長輩、朋友、同事相處的時候，我是否真正地愛著對方呢？是否與他們分享我的喜怒哀樂和困難呢？

愛人如己的第一步，就是「愛鄰人，像愛自己一樣」。主耶穌希望我們能夠比照愛自己的心意去愛別人，這是一種對待別人的行為。通常，尤其是我，總是寬以律己，嚴以待人。一般做父母的也是，禁止孩子看電視，父母親卻花更多時間在電視機前面。

使徒保羅對於愛的詮釋更為貼切，《聖經》裡記載他的話，是這麼說的：「愛是恆久忍耐，又有恩慈；愛是不嫉妒，愛是不自誇，不張狂，不做害羞的事，不求自己的益處，不輕易發怒，不計算人的惡，不喜歡不義，只喜歡真理；凡事包容，凡事相信，凡事盼望，凡事忍耐。愛是永不止息……如今長存的有信，有望，有愛；這三樣，其中最大的是愛！」

我經常藉著保羅的話，告誡自己快人快語的壞習慣，尤其是與家人和同仁溝通的時候，不斷地搶答，打斷對方說話，對方稍有激烈的言語，我的反應特別快，而且很容易生氣。主耶穌的弟弟雅各也這麼說：「你們要知道，人人都應該快快地聽，慢慢地說，慢慢地動怒。」這些提醒、道理都簡單易懂，關鍵在實踐和修練，沒有捷徑，每一個人都要修煉的。我的經驗是：強迫自己審慎地思考，話慢慢地說，易位思考，用愛心說誠實話。仍然努力中！

我曾經有過這樣的經驗，我努力地去關愛同事時，說些誠懇安慰的話，拍拍肩膀，互相擁抱之後，就可安撫對方的情緒，也拉近彼此的距離。

有些時候，我會先主動說出自己的困擾或不愉快的地方，公事、私事都有，有機會讓對方知道其實我也是有困擾，也是有軟弱不足之處，需要別人協助的。溝通是否成功，關鍵在於雙方是否都很坦然地將自己的心裡話說出來，彼此傾聽才能夠有完全的溝通、交流與信任。

享受愛裡的合一

主耶穌基督經常如此說：「我愛你們，正如父愛我一樣，你們要常在我的愛裡。你們若遵守我的命令，就常在我的愛裡；正如我遵守了我父的命令，常在祂的愛裡。」主再度要求：「你們要彼此相愛，就像我愛你們一樣。」《聖經》創世紀裡，神這麼說：「人要離開父母與妻子連合，二人成為一體。」神是愛，神鼓勵祝福人類要建立家庭，夫妻彼此相愛。至於夫妻之愛，過去這幾年來，我和金枝分隔台美兩地，聚少離多，尤其是在監獄裡面，只能在探監的時候短暫相聚，期間的無奈與想念，旁人不易體會，僅能藉著頻繁的書信和電話彼此問安，互相禱告成為共同語言，主耶穌基督成為我們之間真正的「愛的橋樑和盼望」。在風和日麗、平安喜樂的生活中，我們愛人或被愛卻不自知，唯有在痛苦無助又無奈的時候，或得到不治之症的時候，才會珍惜別人的愛，家人或朋友也會更有耐性地去彼此相愛。

愛是恆久忍耐，又有恩慈

在公共場所、百貨公司，我們經常看見年輕的父母，尤其是媽媽，非常有耐心地安撫哭鬧的小孩，也經常見到祖父或祖母親切溫柔地牽著孫子孫女的手在逛街。這是長輩對晚輩的愛心和關懷，容易做到。但是，我們長大並且成家立業了，父母親年紀大了，健康不如往昔，生活不能自理，甚至失智的時候，要我們忘記從前能幹父母的形象，面對的是失能不講理的老孩童，這時才能體會「愛是恆久忍耐，又有恩慈」的道理。

在神的十誡裡，特別要求世人「當孝敬父母」，也是神對我們的誡命和要求。我必須坦承，我並未做到。這幾年因為訴訟滯留美國，在父母的人生旅程中，最需要孩子的關懷和安慰的時候，不在他們身邊，這是我最大的遺憾。

神的愛就在這裡，當我們需要神的時候

神的愛總是不離不棄，且永遠不變，他的恩典更是無處不在！「人算什麼，你竟顧念他？」神哪，我們算什麼，你竟如此的愛我們！當我們勞

累疲倦的時候，神說：「凡勞苦擔重擔的人可以到我這裡來，我就使你們得安息。」當我們軟弱無能的時候，神說：「我的恩典夠你用的，因為我的能力是在人的軟弱上顯得完全。」當我們感到害怕恐懼的時候，神說：「不要害怕，因為我與你同在；不要驚慌，因為我是你的神。我必堅固你，我必幫助你；我必用我公義的右手扶持你。」當我們孤單寂寞或感到被拋棄的時候，神說：「我總不撇下你，也不丟棄你。」當我們覺得沒有人愛我們的時候，沒有人理解我們的時候，想一想我們的神，因為神說：「我愛你們。」

愛的實踐

在新竹雅歌靈糧堂，我就親自見證了神的愛是如何地被實踐被發揚！

實例一的見證：

阿吉仔，單身沒有家庭，大腸癌末期、糖尿病，雙腳潰爛滴水。住在安寧病房裡，醫生宣佈他只剩半年可活，就把房子家產全給了親戚。他的堂妹、教會的錦霞姊為他禱告，也請小組長秋子姊和富美姊替他禱告。

錦霞姊、秋子姊和富美姊常去醫院探望阿吉仔，為他送餐唱詩歌。有一天，阿吉仔發燒一動也不動的躺在床上，秋子姊受聖靈感動，拉起他的手不停地撫摸，迫切地求神醫治他。

第二天富美姊去看阿吉仔，他燒退了，清醒的告訴富美姊：「昨天秋子姊拉著我的手禱告時，我感覺一股暖流從手往上流。我決定要受洗信靠耶穌。」富美姊趕緊叫秋子姊到病房，秋子姊就在病房為他施洗。

阿吉仔身體漸漸地康復，也願意來教會聚會。他有嚴重的重聽必須在他的耳邊說話，才能和他溝通，主日聚會中啥都聽不見，富美姊會坐在旁邊將牧師的講道寫給他看。後來愛主的弟兄為他奉獻助聽器，從此他可以聽詩歌、聽講道，也可以和弟兄姊妹交通。過去他無法走路，現在他可以從新竹大遠百附近的醫院，自己走路到食品路教會來聚會，只要他來教會，他常常都是第一位坐在那裡。

過了三年多，阿吉仔說奇怪我怎麼不會死？他的親人開始照顧他，教會的弟兄姊妹也為他奉獻。他一無所有，卻無牽無掛；好像一無所有，卻是樣樣都有。教會的富美姊和秋子姊為他張羅一切，他像孩子一樣叫她們媽媽。他也開始學習付出，常為病友外出買餐，主日愛宴有時出現水果，是他在背後默默地付出，愛宴善後的服事名單輪值，也出現他的名字。牧師問他，你的大腸癌呢？他說：「厚啊，牟代誌啊啦。」牧師說，你說的不算，醫生說的才算。他回答說：「醫生說的，厚啊，牟代誌啊啦。」每每想到主如此憐憫他，醫治他活到如今。感謝主！

實例二的見證：

我的父親九十二歲高齡，已經在安養院臥床超過兩年了，二〇一七年以來好幾次因為免疫力降低，長天疱瘡皮膚潰爛，必須到醫院接受住院治療。教會的葉牧師、秋子姊和富美姊數度到安養中心探訪老父親，為父親禱告。有一次秋子姊看到父親正在由看護抽痰時痛苦的呻吟，特別為父親按摩，握著父親的手，並且囑付看護抽痰時的要領，讓父親舒服些。鼓勵安慰父親不要懼怕死亡，如果接受了主耶穌基督，將來父親的孩子們會在天家與父親相聚的。重聽的父親竟然聽到了，緩緩地伸出手握住秋子姊的手，也緩緩地點頭，接受了主耶穌！秋子姊馬上替父親施點水禮。父親在二〇一八年的春節前去世，我徵得大哥和弟弟的同意，春節之後在新竹靈糧堂舉行我們陳家第一次基督教式的安息禮拜。他的孫子、孫女、還有曾外孫女、曾外孫子們從美國回來送他們的阿公往天家了，將一切的榮耀歸給神！

蘭嶼之歌：奇妙的相遇

我在美國的監獄裡，小小的圖書館圖書大部分都是英文和西班牙文的，只有少量的中文簡體字版的書，韓文、泰文和越南文的小說和雜誌期刊，大部分是之前不同國籍的受刑人留下來的，供後來的同胞閱讀，打發時間。很難想像，我竟然找到薄薄的一本書：由三毛翻譯的《蘭嶼之歌》。原作者是當時一位年輕的見習修士美國人丁松青（台灣知名神父、光啟社副社長丁松筠的親弟弟），二十六歲的年紀，在一九七一年隻身赴蘭嶼與雅美族人度過了難忘的一年。在當時，除了雅美族原住民，還有一座關犯人的監獄。一九七二年作家三毛的蘭嶼之行中，偶然與丁松青相識，開始了長達二十年的友誼。像我這樣年紀的人來說，對多才的三毛並不陌生，薄薄的一本，而且是繁體字印刷的，究竟是誰曾經來到這個監獄服刑呢？令我感到意外又感動，也得到啟發。這本書的繁體中文版已經絕版了，我透過博客來書店訂購了簡體中文版，是由三毛翻譯的。《蘭嶼之歌 清泉故事》（他們兄弟在台灣奉獻長達四十年以上，令人敬佩！丁松青在清泉部落長達三十四年的服事、奉獻。愈是了解這兩位兄弟在台灣所做的一切，我越是覺得我自己和我們的政府、社會對原住民部落的關懷遠遠不足。丁松青神父的傳道方式非常地接地氣，他完完全全地融入原住民部落居民的生活、飲食、工作，與原住民共同生活、同悲同喜、愛人如己的實踐，從這本書，我看到現代版傳道人的傳奇、信仰和實踐合一的典範！）

丁神父雖然在蘭嶼短短的一年，從書裡我看到一位傳道人真正的愛！他在當地分享原住民的生活方式，愛他們在當下的樣子和信仰。在蘭嶼的雅美族有自己的神和先知，神的名字叫做「道多陀」，只管雅美族人，耶穌是留胡鬚的外國人，祂照顧外國人。除了下海與原住民一起捕魚，以地瓜和芋頭當主食，嚼檳榔而掉牙、蛀牙之外，一九七一年的冬末，丁神父甚至跟著雅美族人到台東知本山上打工、除草、種樹，住簡陋的木屋，吃白米飯，享受黑糖伴飯的人間珍品，喝米酒等等，雅美族人已經接受丁神父了。

為了傳道，丁神父用雅美語講道，自己畫了一些圖片，將主耶穌「農夫撒種子」的比喻修改為種芋頭的比喻，把鳥來吃種子改成牛踐踏芋頭。如果芋頭沒有被野草、石頭或牛破壞的話，大家就能夠豐收。所以，接受福音也是一樣的道理。

丁神父以簡約平實的文字描述在蘭嶼一年的生活，透過三毛的文學之筆，活生生的描述一九七〇年代台灣外島原住民的生活點滴，與大自然和諧共處，缺電缺糧的環境下，除了台灣本島的補給，一切的所需，都取自海洋和土地上的農作物。在資源匱乏的時代，一位來自環境優渥、豐衣足食的美國傳教士，帶著神賜給他的愛，來到台灣的偏鄉開始奉獻他的一生，深愛台灣的原住民，對比之下，讓我啞口無言了。神的愛在丁神父身上完全顯現出來，主耶穌「愛人如己」的實踐，就在這本書裡面了。將來哪一天，我要帶著這本書，親自去蘭嶼走一趟，希望能夠找回當時的「生活和生命的意義！」

另外一本出自三毛翻譯的書就是《清泉故事》，這本書內容更為豐富感人，讓我不得不再多多描述丁神父的一生對台灣原住民的貢獻！清泉，是距離新竹市不到兩個小時車程的山區泰雅族部落，丁神父在清泉奉獻了六年後，分享他的傳道生活片段，再由老朋友三毛翻譯成中文。

做好一位傳道人，必修課程是神學院的教育，離開了蘭嶼，丁神父在菲律賓讀了兩年的神學之後再度回到台灣的清泉。之後的期間，他的修會派他回美國進了藝術學院進修藝術課程。所以，傳道人的專長並不限於神學的了解，如果能夠涉獵多方面的知識或才能，例如音樂、藝術、哲學、文學等，加上現在的網路工具，可以讓傳道人更容易融入世俗的世界。丁神父的一生都投入清泉的傳福音工作長達三十四年！他的專注和投入，等於是將他的生命給了泰雅族人了！從丁神父的字裡行間，我很確定他是個有赤子之心的傳道人，有兩則故事讓我動容。

神父在清泉的教堂非常安靜，似乎缺乏一些生氣。他買了十隻剛剛出生的小雞，還不到一個手掌的大小，不小心被水凍著了，看似死了，幾乎沒有生氣。神父和一位同工努力用毛毯將小雞包起來，在火爐邊給小雞取暖，終於救活了九隻，神父將一隻小雞安葬在教堂旁邊。神父盯著小雞好幾個小時，彷彿看到小雞們一點一點地長大！我看到了神父的赤子之心！主耶穌不也是一樣嗎？

祂說：「一個人若有一百隻羊，一隻走迷了路，你們的意思如何？他豈不撇下這九十九隻，往山裡去找那隻迷路的羊嗎？」

丁神父發現，年輕的泰雅族人對於自己的出身或是歷史文化一知半解，非常沒有自信，甚至於認為自己是不好的，感到自卑。對這種文化自尊的缺乏，令神父感到震驚！教導泰雅族人認識自己的根，並且不引以為恥，成為神父的目標之一：幫助他們了解自己的身分，再度對自己有好感和自信！神父藉著文化劇和舞蹈的編排設計表演山地芭蕾，將泰雅族人的古老故事搬上舞台，雖然錯誤百出，他們做到了，重拾自信！丁神父發自內心的，真心的愛泰雅族人的態度，鼓勵他們接受自己的過去和現在，坦然自信地面對未來，以自己為榮！

丁松筠、丁松青兩位神父，都分別在二十四歲的年紀來到台灣，將他們的一生貢獻給台灣，真的很令人感動與敬佩。他們為什麼做得到呢？他們的父親早逝，母親有三個孩子，兩位成了神父，尚且離鄉背景，若非真的擁有主耶穌所賜的平安，決心將一生奉獻給神，平常的父母很難做得到的。愛的力量是那麼的強大！

凝視死亡和安養照護

二○一六年七月十一日，我在獄中收到了金枝寄給我的這一本書：《凝視死亡：一位外科醫師對衰老與死亡的思索》（Being Mortal: Medicine and What Matters in the End），作者為葛文德（Atul Gawande），他是當代美國極具影響力的醫師作家。他全心全力投入美國老人醫療的工作，有非常鞭辟入裡的洞見，這本書讓我不斷地反省我對九十高齡老父親的照顧是否合理。葛醫師直指問題核心：年輕人將年邁的父母親送到安養照顧機構，表面上是有專人照顧老人家，表現了孝順父母的愛和孝心，其實只是為了自己的方便，不至於影響到自己的工作和家庭生活。葛醫師發現大多數的老人家是很不願意離開自己熟悉的生活環境和社交環境的，將老父老母送到安養機構，有時候甚至會加速老人家衰老的後遺症，在陌生的環境中，反而使老人家適應困難，變得孤僻而生病了。

如何照顧父親，我自己也犯過類似的錯誤。在二〇〇六年，父親入住新埔的一個安養中心，生活環境和老人照護都不錯，父親一個人一間房，我們兄弟的確是輕鬆多了，只要每逢週末，我必帶著父親外出午餐，表面上看似一切平安，孩子們都專心上班工作。但是，我們卻發現父親總是一個人留在房間，從來不會主動跟其他住民打招呼、聊聊天說說話。他的話愈來愈少，反應也愈來愈慢，眼睛和聽力同時日漸衰退，失智現象日益明顯，雖然有醫療團隊服務照顧，卻很明顯地衰老下去。

當時正逢我滯留美國期間，根本無法去安養中心探望父親，只能在電話中向家人詢問老父老母的近況，尤其是老人家生病住院，我在遙遠的美國只能乾著急，這是永遠的痛。服刑期間和出獄後，我愈來愈關注台灣在高齡化社會中老人照護的急迫性，也願意在這方面貢獻一些力量或資源。

根據二〇一七年的統計，台灣地區六十五歲以上的老人人口已經高達百分之十四，已經是高齡化的社會，失智症患者的年齡也下降了，這是不可忽視的大問題，社會負擔的成本將愈來愈高。

我曾經參觀位於新北市三芝的雙連安養中心的管理和設施，印象深刻。在二〇一七年十月的 TED Taipei 發表會中也見證了台灣民間團體在安養照護方面的努力。根據自己照顧父親和岳母的經驗，社區性、在地性和日托照護是最經濟有效的措施。台灣地小人稠社區密集，最適合地區性的醫療機構、智慧醫療資源的投資和接地氣的做法，政府目前推出長照 2.0，建立 ABC 三級長照網路相連，希望官民充分合作、打破門戶之見，台灣在醫養整合策略的效果上才能奏效。新竹市科園里（緊鄰科學園區的社區）在社區總幹事潘嬰娣的帶領下，由志工煮午餐供應社區長者，這是很好的範例。

另外還有一個現象，台灣有許多醫師中年提早退休，散居在不同的角落，如果這些醫師自願投入在社區內的醫療照顧，將大大提高老人照顧的品質，更可以節省許多醫療資源。

政府和民間醫療團隊都日漸重視這個議題，將之視為一種未來性的產業。《禮運大同篇》的理想境界絕對有機會實現的：「故人不獨親其親，不獨子其子，使老有所終，壯有所用，幼有所長，鰥寡孤獨廢疾者皆有所養。」

二〇一八年的一月底，我參加了一位好同學父親的追思禮拜，他父親九十七高齡被接往天家與主相遇。證道的牧師引用了主耶穌被釘十字架第三天復活時，在墳墓向婦女們說：「為什麼在死人中找活人呢？他不在這裡，已經復活了。」死亡對基督徒來說，是復活新生命的起點，赴天家與主、與親人相聚的地方，是喜樂的。我們都必須坦然面對必然的過程和結果，神的兒女必定會到神的應許之地！

神的恩典：護照遺失，出獄回家

二〇一五年十一月，雖然離出獄還有一年的時間，但是我聽聞許多囚犯出獄後的安排並不順利。美國公民可以直接回家，墨西哥和中南美洲的囚犯，直接送到邊界遣返或是以飛機載運囚犯回到自己的國家，持有綠卡的非美國公民，或是像我這樣狀況的人，通常都必須先移送到另一個暫時的移民監獄，排隊等候法官的審理和決定，通常必須要留置十天以上、一個月、三個月，甚至半年以上。

移民局監獄的環境沒有 TAFT 監獄好，有人在那生病又白白地多坐了一段時間的牢。原因是美國政府不願意給這些囚犯出獄後留在國內的機會，但是許多的囚犯犯罪前持有綠卡已經在美國成家立業了，在他們的祖國根本就沒有就業或生活的機會，當然會努力地向法官聲請留在美國繼續生活和照顧家庭。我的目標是出獄當天可以立即搭機返台，但是談何容易？只好請律師出面幫忙找監獄管理局（Bureau of Prisons）官員和移民監獄的官員問該如何申請，期間金枝也找台灣駐洛杉磯台北經濟文化辦事處官員幫忙，我們花了許多時間都不得要領，日子一天天地過去，金枝和我心急如焚。在二〇一六年九月底，律師要辦理申請手續時，竟然發現我的護照不見了。舊金山法庭將我的護照寄到移民局時，護照遺失了！於是緊急向洛杉磯經濟文化辦事處申請新的護照，辦事處又要我們證明護照確實是遺失，才肯發新護照給我。就這樣一波三折，直到十一月底才拿到新護照。

在那幾個月的時間，金枝和我不斷地向神禱告祈求，同時請教會的牧師和弟兄姊妹們為這件事代禱，律師則不斷地與移民監獄官員溝通協調，務必取得官員的正式文件同意我直接在出獄當天可以搭飛機返家。律師向移民局官員陳述幾個重點，保證我不會滯留美國的證據：例如，我並未持有綠卡，是台灣公民。法官的裁定內容其實是正面的判決，判決時提及我是為了公司業務，並非為個人謀利，而且並非重罪。我已自費購買機票回台，不要浪費移民法官的時間等等。等待消息的那一段時間，金枝和我的心情相當煎熬，因為離出獄的日子剩下不到三個月了。感謝主，好消息來了！十一月九日星期三，收到律師的電郵，附上移民局官員同意出獄當日我可以直接離境返家的信，我喜出望外，立即想起《聖經》裡的話：「他（亞伯拉罕）在無可指望的時候，因信仍有指望。」這段期間，金枝和我就是活在禱告和盼望的生活當中，我的心終於定下來了！這真的是恩典，如果沒有爭取，我還不知道護照竟然遺失了。

金枝十一月來看我時，得到兩大進展：一、確定駐洛杉磯經濟文化辦事處同意發新護照給我。二、美國移民局已發函給律師，同意我出獄時可自行離境。雖然那個時候獄方還沒有通知我，可以確定當天遣返台灣，她為了表示她對主耶穌的大信，為了感謝教會牧師和弟兄姊妹，友達美國的同事和我的同班同學們，在返台上飛機前，去 Milpitas 的五月花餐廳訂了三桌的宴席，邀請大家一月二十五日中午參加這個感恩餐會，也為了接著要搭當天下午四點三十分從舊金山起飛的班機，趕在小年夜回到台灣。當天的行程非常緊湊，一定要有神的祝福和應許，才能完成那場感恩宴。結果，七點三十分準時離開監獄，二十分鐘在旅館洗澡換衣服，四小時車程不能有塞車或意外，十二點準時到 Milpitas 餐廳。

二〇一七年一月二十五日出獄：人生下半場開跑了！

清晨三點鐘我被叫醒，很快地打包盥洗，提著簡單的行囊向指定地點報到，同一天出獄的還有三位，看不出彼此的心情，我非常肯定：我終於自由了！我的改道人生（detour）即將開始了！簡單的幾道程序卻花了不少時間，確認了身分之後，七點三十分走出了監獄，金枝和司機小華早已經迫不急待等著我，我們緊緊地擁抱，一上車馬上打電話給宏碁集團創辦人施振榮先生報平安！我們要特別感謝施先生，他交代金枝，我一出獄就要打電話給他報平安，當時台灣時間已經是晚上十點三十分了。宏碁集團的大家長對我們的關愛溢於言表，感謝施先生和施太太。在監獄裡的時候，回顧了我一帆風順的工作生涯，是因為施先生和李焜耀（Stan and KY）兩位給我機會發展的，沒有他們，就沒有今天的ＨＢ，他們是我的貴人，我經常為他們代禱。

溫馨的歡迎

當天雖然早起，滿腔的興奮感慨，一點睡意也沒有。握著金枝的手，很快地小華準點將我們送到五月花餐廳，朋友們已經在等著擁抱我了。

餐會結束後，張牧師和師母陪著我們前往舊金山機場，搭乘下午四點三十分飛往桃園機場班機，五點起飛！感謝主，因為信心堅定，一月二十五日出獄當天的時間和行程一切都按照劇本演出了！

就在二〇一七年一月二十五日下午五點飛機起飛之際，金枝和我的心情無比地輕鬆愉快，一起在機艙裡禱告，回憶過去七十八個月，整整六年半的試煉，想到使徒保羅的話說：「我們這至暫至輕的苦楚，要為我們成就極重無比永遠的榮耀。」大雷雨的時間，和漫長的夏日相比，非常短暫。《聖經》上詩篇這麼說：「一宿雖有哭泣，早晨便必歡呼！」就是我們當時在飛機上的感動！我的心情非常興奮，無法入眠，享受機上的美食、巧克力和冰淇淋。

一月二十六日晚上九點四十分我們平安抵達桃園機場，二女兒如慧也從上海回來跟我們團聚。二十三個月前離開台灣赴美入獄，現在重返國門，看到的每一個人，每一件事情都是美好的。我們走出了迎賓大門，就看到許多的老同事們，興奮地拿著迎賓花圈迎上我們，一個個，一位位互相擁抱，恭喜我終於回來了！大家的話說個不停，爭相拍照，一時之間，我感覺又回到昔日成為一位很受歡迎的大人物。

後記

主耶穌的愛，永遠常在長存！

二〇一六年八月二十七日早上，我在靈修時讀《荒漠甘泉》，指出保羅不但在從事基督教活動的時候通過了考驗，就是單獨被囚禁的時候也通過了考驗。保羅在監獄裡撰寫書信，他自稱是「作了基督耶穌的囚犯」，在這一切事上，他只看見神的手。在監獄裡保羅受到拘束，無法從事他所愛的宣教工作，於是在監獄裡設立了一個新的講道壇、一個新的見證壇。本仁·約翰在貝德福的監獄中，被禁言了十二年之久，但是他在監獄裡卻完成了一生最偉大、最傑出的作品：《天路歷程》，本仁·約翰說：「我在獄中如同在家中；我坐下來不停地寫，因為喜樂催促我寫。」這個信息給了我很強的動機，思考了幾天，決定要將這段試煉和因為試煉帶來的恩典感動忠實的記錄下來。於是藉著每天在跑步機上跑步的時候思索著書的內容、章節，然後記下來，持續兩個月的時間，心裡有個底了，出獄後就開始著手準備進行，於是有了這一本書！

不經一事，不長一智，應用在我的經驗，是千真萬確的。過去六年半的試煉，翻轉了我的下半場人生，希望成為心胸寬廣有愛心而謙卑的人。

《聖經》說：「凡管教的事，當時不覺得快樂、反覺得愁苦，後來卻為那經練過的人結出平安的果子，就是義。」是的，感謝主耶穌，我和熊暉都平平安安地出獄了。如今熊暉自行創業，成立八維智能股份有限公司，希望在人工智慧的技術領域中開發一個服務眾人的ＡＩ平台。我則擔任達運和隆達的董事兼顧問，也受施振榮先生之邀，擔任創業投資基金的合夥人，這些都是主耶穌的應許和供應，感謝主耶穌！

以往奔波事業，對家人的關懷和愛習以為常，同事之間的交談也大部分是業務。身陷苦難，才知道那麼多同事關心我和愛我。更壓根兒沒有想到一些素昧平生的人，會如此大方地將他（她）的愛和關懷很直接，毫不掩飾地給我？是什麼力量呢？什麼動機呢？小時候我在電線桿上看到的字：「神愛世人」、「信耶穌得永生」，說明了一切！主耶穌基督的愛與力量是如此地奇妙！真是奇異的恩典！

猶記得在監獄裡讀到《商業周刊》執行長聊天室王文靜的一段話：「風吹柳樹，未見柳折。柳樹隨著風，順勢而動，不頑強抵抗逆境的柳樹，盡是生存智慧。」

柳樹可以如此隨風順勢，是因為它柔軟的樹枝，更重要的是，它的根要夠紮實才有這樣的條件。我們的心思意念要夠柔和謙卑，再加上有主耶穌基督成為我們信仰和倚靠的根，逆境反而成為了祝福！不要驕傲，虛心觀察大自然的萬般生態，遭遇的逆境，其實未必有我們想像的難。

使徒保羅在《羅馬書》裡引用摩西的話說：「這道離你不遠，正在你口裡，在你心裡。」、「你若口裡認耶穌為主，心裡信神叫他從死裡復活，就必得救。」因此，我們可以確定，信從死裡復活的主耶穌基督，必蒙神所賜的永生！從歲首到年終，到如今，耶和華都會幫助我們的，直到永遠！

大好文化 影響力人物 3

曠野逆境，恩典相隨：
從執行長到在美滯留服刑2343天的告白

作　　者｜陳炫彬
出　　版｜大好文化企業社
榮譽發行人｜胡邦崐
發行人暨總編輯｜胡芳芳
總 經 理｜張榮偉
主　　編｜古立綺
編　　輯｜方雪雯
封面設計｜陳如慧、陳文德
美術主編｜楊麗莎
行銷統籌｜胡蓉威
客戶服務｜張凱特
通訊地址｜11157臺北市士林區磺溪街88巷5號三樓
讀者服務信箱｜fonda168@gmail.com
郵政劃撥｜帳號：50371148　戶名：大好文化企業社
讀者服務電話｜02-28380220
讀者訂購傳真｜02-28380220
版面編排｜唯翔工作室 (02)23122451
法律顧問｜芃福法律事務所　魯惠良律師
印　　刷｜鴻霖印刷傳媒股份有限公司　0800-521-885
總 經 銷｜大和書報圖書股份有限公司 (02)-8990-2588

ISBN　978-986-93835-5-4
出版日期｜2018年7月1日初版
再版日期｜2018年7月30日第四刷
定　　價｜新台幣300元

國家圖書館出版品預行編目資料

曠野逆境，恩典相隨：從執行長到在美滯留服刑2343天的告白 / 陳炫彬著. -- 初版. -- 臺北市：大好文化企業, 2018.07
232 面；15X21 公分. --（影響力人物系列；3）
ISBN　978-986-93835-5-4（平裝）
1.基督徒　2.見證
244.95　　　107009474